創業220年余　鈴与グループ代表

鈴木与平の「変化対応し続けてこそ！」

総合ビジネス誌『財界』主幹　村田 博文　著

創業220年余

鈴与グループ代表

鈴木与平の「変化対応し続けてこそ！」

総合ビジネス誌『財界』主幹　村田 博文　著

はじめに

栄枯盛衰の企業社会で、鈴与が長寿企業である理由

鈴与はなぜ、220年余も生き続けてこられたのか――。

企業に栄枯盛衰は付きもので、時代の変化、環境の変化で消え去っていく企業が出てくる。鈴与グループ代表であり、8代目・鈴木与平さんは、この問いかけに「時代の変遷に合わせて、事業の構造を変えていったから」と答える。21世紀に入って20年余が経った2023年2月8日号から9月20日号まで、『財界』誌（隔週で発行）で鈴与グループ経営の連載をしたのは、冒頭に記した関心があったからである。

創業は江戸期の享和《きょうわ》元年（1801年）。天然の良港・清水港（静岡県静岡市清水区）を拠点に初代・鈴木与平が米を江戸に運ぶ廻船問屋《かいせんどんや》として出発。駿河《するが》だけでなく、お隣の甲州産米やその他の物資を一大消費地・江戸に送り届ける物流業である。明治維新で日本は近代化の時代を迎え、そして大正末期の米騒動、昭和に入ると、金融恐慌、

「五・一五事件」や「二・二六事件」などの政治混乱、さらに第2次世界大戦、敗戦と激動の歴史が続く。

その中を、鈴与はしなやかに生き抜き、地域にしっかりと根を張りながら事業を営み、新領域を次々と開拓していった。鈴与の歴代トップは時代の転換期にあって、その変化に対応していったということ。いま風に言えば、各時代においてベンチャースピリットを発揮したということである。

現在、鈴与グループは鈴与株式会社を中核に、鈴与商事、鈴与建設、鈴与自動車運送を基軸に、物流、商流、建設、食品、情報、航空、さらに地域開発事業を手がける。グループの企業数は約140社、従業員数は約1万3600人にのぼり、一大コングロマリットを形成している。220年余の歴史を持ち、一大コングロマリットを形成してこられたのはなぜか？

「社会情勢が大きく動き、時代が変化していくときに、われわれも事業の内容を変えているわけですね。戦前われわれは、石炭商として結構大きかったのですが、戦後、石油の時代になって石油業になり、ガス業に変わっていった。時代の変遷に合わせて、事業を変えていくことができたというのは、ひとつ、生き延びた大きな理由ではないかと思います」

それに何と言っても、フロンティア・スピリット（開拓者精神）である。鈴与は2009年、富士山静岡空港（牧之原市）が開港した折、航空事業に参入し、『フジドリームエアラインズ』（FDA）を設立。国内のエアラインが羽田空港とのアクセスを優先に運航しているのとは対照的に、FDAは羽田空港とのアクセスを考えていない。静岡と熊本、鹿児島などの各地方都市を結ぶ路線の開拓という、これまた独自の路線である。なぜ、そうなのか？

羽田とのアクセスを持たず、地方都市と地方都市を結ぶ路線へのチャレンジは「大手航空会社と競争しない経営」の選択でもあり、新規航空需要掘り起こしへの挑戦でもある。

地域と共に生き、そしてグローバル市場へ

静岡に拠点を置きながら、日本全体を見据え、グローバル市場への視座を持って事業を進めていく。

清水港は、多くのマグロが水揚げされる。本マグロの他に、ビンチョウやキハダと

いった種類のマグロも水揚げされ、本マグロは刺身で重宝がられたが、当時、ビンチョウなどはあまり食べられなかった。「せっかく水揚げされたのに……」ということで、その有効活用を図ろうと「缶詰めにして米国で出してみたら、これが大好評で、清水の缶詰産業の発祥につながりました」と鈴木。時代の変化に対応し、新しい商品を開拓していく鈴与グループの姿勢。

変化対応の経営は新しい時代のニーズに合わせて新しい事業を生み出していく。

鈴与グループは人材育成を図るための大学運営（学校法人静岡理工科大学）にも関わる。また、Ｊリーグ傘下の『清水エスパルス』も運営。静岡県は元々サッカー熱が盛んな土地であるが、経営不振になったチームを地元の強い要望に応えて引き受けた。

「地域社会と共に生き、地域振興のために仕事をしていく」――。静岡から日本、そして世界をにらむ経営が続く。

コロナ禍で人々の生活様式や人生観が変わり、ロシアのウクライナ侵攻、パレスチナ問題などで、人は何のために生きるのか、そして人と人とのつながりによって構成される社会のあり方を考え直すときにきている。混沌とする今をどう生きていけば良いのか。鈴与グループ、そして鈴木与平さんの経営判断は、その参考になるのではないだろうか。そのことを、本書を通じて読者の方々に読み取っていただければ幸いです。
なお、本文中の敬称は略させていただいた。

2024年4月　吉日

総合ビジネス誌『財界』主幹　村田博文

目次

はじめに —— 2
第1章　鈴与はなぜ、220年余も生き続けてこられたのか？ —— 17
・廻船問屋《かいせんどんや》として創業し、企業数は約140社に —— 18
・コロナ禍の影響は…… —— 19
・幾多の試練のときを乗り越えてきて —— 20
・8代目・鈴木与平を襲名した理由 —— 22
・リーマン・ショックの翌年に航空事業に参入 —— 24
※静岡新聞『窓辺』より　共生《ともいき》 —— 26
第2章　「お前は鈴与の後継ぎだから」と言われた幼少期 —— 29
・清水港と共に成長してきた歴史 —— 30

・甲州産の天領米を江戸に回漕――31
・〝ツナ缶〟を生み出す――33
・冷凍マグロの一大世界基地に――34
・「歴史があるから価値があるのではない」――37
・伯母の家に下宿して県立静岡高校に進学――40
・京都の街が好き――43
※静岡新聞『窓辺』より　一握りの砂糖――45

第３章　慶大でグライダーの滑空に熱中して……――47

・大学入学時は、日本が高度成長に入るとき――48
・大学に入学してすぐグライダーに熱中――49
・高校時代は山登りも好きだったが……――50
・キャデラックの中古車で引っ張り上げて……――52
・白井ゼミで学んだ社会思想史――54

・戦後復興、そして国際情勢変化の中で…… 57
・「太った豚より痩《や》せたソクラテスになれ」 60
※静岡新聞『窓辺』より　友情 63

第4章　興銀を受けるも、大物副頭取の〝一喝〟に…… 67

・就職先に興銀を選んで動き出す 68
・正宗猪早夫《まさむねいさお》・副頭取の一喝に…… 70
・興銀・元人事課長の新村和雄《にいむらかずお》との〝縁〟 72
・日本郵船の最初の配属先は神戸支店 75
・歓迎会の席上、課長と課長代理が殴り合いに 77
・残業する部下の労をねぎらう上司 80
・海外勤務を希望して 83
※静岡新聞『窓辺』より　みなと 85

第5章　日本郵船で世界を知る　87
・英国病の真っ只中にロンドン支店に勤務　88
・長女はロンドンで誕生、英国籍も取得して……　90
・ドクターたちの動きに感謝　92
・パリならではの空気に刺激されて……　95
・英仏両国の文化の違い　99
・海外取引が増えるいま、積極的に英語での対話を　102
※静岡新聞『窓辺』より　世界の相場　104

第6章　「帰国せよ」と父の〝厳命〟、不振企業の再生へ　107
・「すぐ帰国せよ」と父からのテレックスが……　108
・石油危機下、赤字会社の対応に追われて……　110
・遠洋漁業を基にして産業クラスターを形成　113
・食品事業の中核・清水食品の再建へ　114

※静岡新聞『窓辺』より　国際化 119

第7章　それぞれの得意技を持つことで発展した缶詰産業 123

・自らの得意分野を築いた缶詰会社 124
・食品事業、ツナ缶の再構築へ向け動き出す 126
・食品メーカーとして、どう社会に向き合うか 128
・缶詰をサカナに現場とよく対話 130
・社長就任後、1つずつ課題解決に着手 134
・会社は何のためにあるのかを考えて 135
・商流部門の鈴与商事を設立 138
・『やれることから、改革を！　まず、やってみることが大切』 140
※静岡新聞『窓辺』より　父親像 143

第8章 フジドリームエアラインズを設立、『人と人の絆』を大事にする経営で 147
・コロナ禍をどう総括するか？ 148
・会社経営の基本は「人」にある！ 150
・「地方と地方をつなぐ」航空事業への影響は 153
・羽田空港を介さない路線選択で地域振興を！ 154
・コロナ禍を教訓に新しい出発を！ 156
・航空事業を始めるきっかけは？ 157
・コミューター航空からリージョナル航空へ 159
・『食の文化』を発信して 163
※静岡新聞『窓辺』より 都市の共生 167

第9章 地域を担う人材づくりを！ 169
・自動車工業の技術者育成 170

・専門学校を持つ強みと高・大連携を生かして —— 173
・これからの大学教育のあり方 —— 175
・地域と共に歩いていく！ —— 178
※静岡新聞『窓辺』より　共生の思想 —— 179
おわりに —— 182

鈴木　与平

（すずき・よへい）

１９４１年８月静岡県生まれ。65年慶應義塾大学経済学部卒業。67年東京大学経済学部卒業後、鈴与入社。日本郵船に出向し、ロンドンなどに駐在。74年常務、76年副社長、77年社長などを経て２０１４年より会長。08年フジドリームエアラインズ社長、14年会長、20年６月より代表取締役。

第１章

鈴与はなぜ、２２０年余も生き続けてこられたのか？

廻船問屋《かいせんどんや》として創業し、企業数は約140社に

創業は江戸期の享和《きょうわ》元年（1801年）で、220余年の歴史。水深が深く、天然の良港とされる静岡・清水港を拠点に鈴与は事業をスタートさせた。

初代・鈴木与平が主に米を舟で江戸などに運ぶ廻船問屋として出発。以来、物流を中核に、時代のニーズに合わせて事業を開拓してきた。創業から220年余が経った現在、鈴与株式会社を中核に、鈴与商事、鈴与建設、鈴与自動車運送の4社を基軸にして、物流、商流、建設、食品、情報、航空、そして地域開発の事業などを手がけている。

グループの企業数は約140社、従業員数は約1万3600人にのぼる一大コングロマリットである。中核・鈴与の年間売上高は約1533億円（2023年8月期決算）。これは前期（2022年8月期）と比べて3・8％増で3期連続の過去最高を達成。

コロナ禍にあって、食品や生活雑貨の取り扱いなど国内物流事業と港湾事業が好調で売り上げを伸ばした。経常利益は108億円で前期比24・8％増。

もっとも、コロナ禍は生き方・働き方改革を促し、産業界にもプラス、マイナス両面で影響を与えた。リモートワークを世の中に浸透させ、オンライン（ＷＥＢ）会議でいつでも、どこでも、誰もが参加できる会議が開けるようになった。

そうしたプラスの効果が得られる半面、コロナ禍で人の移動、出張も抑制され、航空、宿泊、観光産業は大打撃を受けた。

コロナ禍の影響は……

鈴与グループは、後述するように２００９年に航空事業に参入した。地元の富士山静岡空港と名古屋空港、神戸空港を拠点に航空事業を営む「フジドリームエアラインズ」（ＦＤＡ）を１００％出資で設立している。

このＦＤＡも他のエアライン同様、コロナ禍で旅客数が激減、大打撃を受けてきた。鈴与はこのＦＤＡ支援のため、ＤＥＳ（債務の株式化）を実施し、２０２１年8月期に56億円の特別損失を計上したことで、純損益が前の期より24億８００万円減少し、16億７３００万円の赤字となった。鈴与の純損益の赤字計上は２００８年8月期以来のことである。

一方で、顧客にコロナ禍への対応でソリューション（解決策）提案型の企画が受け入れられた鈴与建設の健闘もある。神奈川県厚木市で冷凍・冷蔵型物流施設を企画提案して建設工事を受注した。2023年8月期で鈴与建設グループ全体の売上高は約490億円という実績である。

幾多の試練のときを乗り越えてきて

創業から220余年という歴史の中で、同社は幾多の試練をくぐり抜けてきた。江戸幕藩体制から、近代化を目指す体制に変わった明治維新（1868年）のときもそうだ。日清・日露両戦争で勝利をおさめたものの、太平洋戦争（第2次世界大戦）では敗戦国として転落した。焼野が原からどう復興していくかという時期もあった。

そして戦後は高度成長期を実現したものの、石油危機、バブル経済崩壊も体験。〝失われた30年〟のデフレ化をどう克服していくかという課題を抱える。

そうした経済全体の危機や試練が幾つも訪れる中をどう生き抜くかという今日的課題。創業220年余の歴史を綴る鈴与はどうやって〝持続性ある経営〟を実践してきたのか？

この問いに鈴与グループ代表で8代目・鈴木与平は、「わたしが社員に言っているのは、変化を怖がってはいけないということです」と語り、次のように続ける。

「うちの会社を振り返ってみても、明治維新があったり、（大正年間の）米騒動があったり、太平洋戦争もありました。そのように社会情勢が大きく動き、時代が変化していくときに、われわれの事業も変えているわけですね。戦後もそうです。戦前は、われわれも石炭商として結構大きかったのですが、これが戦後、石油の時代になって油屋になり、ガス屋に変わっていきました。時代の変遷に合わせて、事業を変えていくことができたというのは、生き延びた大きな理由の1つではないかと思いますね」

創業時（江戸期）に主に米を清水から江戸などに輸送する廻船問屋として出発。つまり、物流業務は創業期から一貫してあるが、時代によって運ぶモノや手段は違ってくる。

「この物流も清水という地が京浜港と名古屋港の間にありますから、放っておけば忘れ去られてしまうような小さな港なのです。ですから、常に努力して、生き残ることをやってきたわけです」

鈴木の父の代（7代目・鈴木与平）から「清水港利用促進協会」をつくり、船会社や

静岡県静岡市の駿河区と清水区の境界にある日本平から望む清水港

商社はじめ、メーカーなどの企業や組織にPRする活動を進めてきた。

「父の時代、戦後早くから清水港利用促進協会の運動を始めてきました。全国の港関係者の中でも、そうしたPR活動で一番早いグループだったと思いますね」

鈴木はそう振り返り、清水港のコンピュータ化の動きについても同じことが言えるとし、「他の港に決して負けないトップクラスの情報システムを持っています」と語る。

先手先手を打っていく——。そうした努力が積み重ねられてきているということである。

8代目・鈴木与平を襲名した理由

鈴与グループの事業範囲は広い。物流を軸

に商社、建設、〝ツナ缶〟やマヨネーズなどの食品製造販売、情報システム構築などの情報分野、そして人材育成を図るための大学運営（学校法人静岡理工科大学）まで加わる。

また、Ｊリーグ傘下の『清水エスパルス』も鈴与グループが地元の強い希望に応えて経営不振となったチームを引き受けた。もともと静岡県はサッカー熱の高いところで、特に静岡市清水区（旧清水市）はサッカーが盛んな地区だ。

地域振興のために貢献する――。グループをあげて『清水エスパルス』を支援するのも、そうした理念を実践してきた歴史でもある。

新しく事業を開拓していくときには、「中長期の視点で」というのが鈴木の経営観。１９４１年生まれの鈴木は１９６７年に大学を卒業して日本郵船に入社。ロンドン、パリの両支店でも働き、「日本とは違う文化、経営風土」にも触れ、１９７０年に鈴与入社。以来、50余年が経つ。

名前を鈴木通弘《みちひろ》から８代目・鈴木与平を襲名する。２０１５年、長男の健一郎（１９７５年生まれ）に社長職をバトンタッチし、自らは会長に就任。２０２３年１月時点で、創業から２２２年を数える。その歴史の重さを感じながらの８代目・鈴木与平の襲名である。

２００1年の襲名時、「与平という古めかしい名前でね」とユーモア交じりに、そしてはにかむ表情で筆者にも襲名の理由を話してくれたが、そこには歴史を背負って立つ経営トップとしての使命と責任が感じ取れた。

時代の変遷に対応していかないと、会社経営は持続できない。「変化に対応し続けてこそ」という経営理念は鈴木与平を名乗る者の宿命として生まれる言葉。

社名の『鈴与』も、初代の姓の『鈴』と名前の『与』から取ったもの。先人から屋号を受け継ぎながら、守るべきものは守り、変えるべきものは変えていくという経営姿勢。「中長期の視点」で事業の開拓をしていくという姿勢は航空事業への参入にも見て取れる。

リーマン・ショックの翌年に航空事業に参入

鈴与は２００9年、富士山静岡空港が開港した折、航空事業に参入した。ＦＤＡ（フジドリームエアラインズ）――。鈴与が全額出資して設立した航空会社である。社長には鈴木が就任。時あたかも、世界的な金融危機のリーマン・ショックが起き、世界経済、そして日本経済も不況局面を迎えたときであった。

地元経済の振興を第一義にしてのエアライン創設であることを鈴木は強調する。その中でＦＤＡは羽田とのアクセスは考えず、静岡と小松、熊本、鹿児島を開設するなど、「大手航空会社と競合しない経営」を選択している。

初期投資も運営コストも相当なものがかかってくることを覚悟しなければならない航空事業。原油高騰から来る燃費代の上昇ということを算段しながら、鈴木は効率運用ができるエンブラエル社（ブラジル）の小型機（76人乗り）を導入。当初は２機態勢でスタートしたが、現在は16機を保有（２０２４年）。富士山静岡空港のほか、名古屋空港、神戸空港の３空港をハブ空港として、17都市を結ぶ路線で運航するＦＤＡである。

コロナ禍では航空事業も打撃を受け、隠忍自重の日々。コロナ３年目の２０２２年は5月の大型連休時に静岡空港発の搭乗率も７割台と急回復し、夏休み期間も数字は好調で回復軌道に乗った。

コロナ禍にあって、じっと耐えるべきは耐え、次の新しい時代をにらみながら必要な手を打つ。冒頭に記した決算処理のように「中長期の視点で」という投資哲学である。

共生《ともいき》

「こころいき　みいき　ものいき　こともいき　ひとみないくる　ともいきのさと」（椎尾辨匡老師）

私どもの会社には戦前から共生《ともいき》という言葉が息づいてきた。

これは社是や社訓といわれるほど、明確な位置づけをしているわけではないが、経営の底流にある一つの確とした考え方である。私自身あまり仏教に詳しいわけではないが、この「ともいき」という言葉には不思議なぬくもりが感じられ、なぜか心がひかれる。

「ともいき」の精神とは、個人が本当に自立して自分自身で生きていくこと、すなわち、「真生」を追求していくと、その中から他を省みる心が生まれてくる。これが「ともいき」の心であり、すべての人々がこの互助の精神を最高にまで高め、理想を実現した世界が「浄土」であるというようなことになろうか。この「真生」の反対語が「寄生」であり、他に甘え、寄りかかる中からは、真の互助精神たる「ともいき」は生まれてこないのである。

面白いことに、この共生《ともいき》と全く同じ語で、最近注目されている考え方に共生《きょうせい》がある。つい先日も建築家の黒川紀章氏が「共生の思想」というなかなか迫力のある著作を発表されているが、元来は動物学の用語であり、個が一方的に他に従属したり、あるいはそれから養分を吸い取って生きていくのではなく、他から自らの必要な物を取ると同時に、自らも他に与える物を持ち、相互に存在し、まさに互いに自立しながら共に生き合っていくという考え方である。前者は仏教運動からの発想であり、後者は自然科学の分野の用語で、読み方こそ「ともいき」と「きょうせい」であるが、くしくも同じ〝共生〟という漢字をあてているところが興味深い。現代の共生《きょうせい》の思想は、機械文明を生み出したニュートン的世界の行き詰まりの中から生み出されたもので、テーゼとアンチテーゼがあり、その対立の中から発展が生ずる、といった西欧的な考え方とは発想の原点が少々異なるような気もする。

エントロピーの法則が話題になり、西欧的近代文明が曲がり角にきていると言われる現在、私たちの会社に昔から息づいてきた、この共生《ともいき》の現代的意味を改めて見直したい気持ちである。

（昭和62年12月1日）

第2章

「お前は鈴与の後継ぎだから」と言われた幼少期

清水港と共に成長してきた歴史

BtoB（企業間取引）のビジネスからコンシューマー（一般消費者）関連の商品やサービスを取り扱う鈴与グループ。鈴与グループのテレビCMでは、鯨の親子が大海を悠々と泳ぐ様が映し出される。女性シンガーソングライター・鳥山あかねが唄うCMソング『くじら～いつかきっと～』。この歌詞からは清水が海洋と共にあり、事業も海洋と共につくっていくというイメージが湧いてくる。

実際、清水はその時代ごとに新しい事業を創り上げてきた。清水港は水深が深く、国際貿易港、工業港としても利用価値が高い（公共バースの水深はマイナス15メートル）。大型漁船も出入りし、マグロ、カツオ漁の遠洋漁業の一大拠点でもあった。造船所もつくられ、マグロの〝ツナ缶〟をつくる缶詰工場や食品加工の工場などが集積。さらに製罐《せいかん》工場もできたりして、一大クラスター（産業集積地）を形成してきた歴史を持つ。

最近は地球深部探査船『ちきゅう』号（JAMSTEC＝海洋研究開発機構）がしばしば停泊する場としても知られる。『ちきゅう』号の正式な基地は横須賀（神奈川県）にあるが、横須賀の位置する東京湾は多数の船が行き交い、また橋もかかり、停泊地としては、かなり神経を使う所。その点、清水港は水深も深く、港へも出入りしやすいという条件が好まれている。

船の乗組員の交代も、清水港は静岡駅の新幹線利用や羽田空港経由で内外とのアクセスもしやすいことが利点。地元関係者からはＪＡＭＳＴＥＣに『ちきゅう』号の基地を清水港に持ってきて欲しいとの声もあがる。

時代と共に、清水港の役割も変わってくる。

甲州産の天領米を江戸に回漕

「江戸期、ここはもともと川（巴川）沿いの港で、集った荷をここから駿府《すんぷ》へ運んだり、隣の甲府が天領でしたから、天領の米を江戸に船で運んでいたのです」

駿河（今の静岡県中部）は江戸幕府を開いた徳川家康公以来、徳川家の領地。戦国期には徳川家と対峙していた甲斐（甲州）の武田家が亡んだ後、徳川幕府は甲斐の国の甲府盆地一帯を天領にした。その天領から収穫される米を江戸へどう運ぶかは、幕府にとって大切な仕事であった。

「馬の背では、米もたくさん運べないので、船に積んで運ぼうということですね」

当時、甲州から駿河までの物流は富士川を活用しての舟運。清水港まで米を運び込み、清水港から江戸までは船で大量に運ぶという輸送ルートであった。清水港からの米を積み出す廻船問屋《かいせんどんや》として、鈴与は事業を開始したことは既述の通りである。

甲州の天領からの米の輸送に関わる歴史的なエピソードがある。清水の地の一角に山梨県の県有地があった。場所は今の静岡市清水区港町向島で面積は4・4アール（約2060平方メートル）。静岡県内に山梨県の〝飛び地〟があったということだが、あまり知られていない。「あの土地はずっと山梨県からわたしどもが委託を受けて管理してきていました。1年に1回、山梨の県議会議員さんたちが視察に来ておられました」と鈴木は山梨と静岡両県のつながりが、この山梨県有地に象徴されると、その歴史を語る。

この〝飛び地〟も江戸期から米の輸送と深く関わってきていて、米倉跡だったということ。明治維新で幕藩体制に終止符が打たれ、社会や経済の仕組みもガラリと変わる。米の回漕という仕事も「明治維新でなくなった。次に出てきたのはお茶だったのです」と鈴木。

静岡はお茶の産地。維新後は、牧之原台地の開拓が進められるなど、県全体が茶葉の生産で活況を呈した。それに加えて、温暖な気候を活用してのミカンの栽培も盛んに行われた。

「米に代わるのが、お茶とミカンでした。お茶も最初は横浜への輸送でにぎわった。国内輸送の船で横浜に運んだのです」

横浜で、その茶葉を加工して輸出を行い始めたのである。その後、工場が清水にもつくられるようになり、清水から海外へ直接輸出されるようになった。茶の加工場建設については、「これは当時のお茶の業界が非常に熱心におやりになった」と鈴木は振り返る。茶葉にならって、静岡特産のミカンを生のまま米国へ輸出するというチャレンジングな試みもあったらしい。これは、船での輸送中に大部分が傷み、腐ってしまうということもあったという。

後に季節要因を考えて、生ミカンを冬場の寒いときに「オレンジボートと称して、船全体に生ミカンを積んで、北廻りのカナダ・バンクーバー経由で輸出をし始めました」と鈴木。こちらは冬季の輸送でミカンの腐敗を防げたという。この生ミカンの輸出は戦後も続いていた。

〝ツナ缶〟を生み出す

清水はその後、〝ツナ缶〟などの食品加工の街として発展。

「日本人は、本マグロは刺身で食べましたけれども、ビンチョウやキハダはあまり食べなかったのです」

このため、せっかく水揚げされた多くのマグロをどう扱うかという課題に直面することになった。

「村上芳雄《よしお》さんという東京水産大学出身の技術者がツナの缶詰をつくって米国に出してみたのです。これが米国でたいへん受けまして、これが清水の缶詰産業の発祥になるのです」

先に、生ミカンの輸出の話をしたが、缶詰事業が盛んになると、冬場はミカンの缶詰をつくり、夏はマグロの缶詰をつくり、その輸出が盛んになっていった。昭和初期は恐慌局面だが、消費者ニーズを的確にすくい上げ、付加価値を付けていく。そうした営みは好不況にかかわらず、消費者の支持が得られるということ。

冷凍マグロの一大世界基地に

新しい事業を生み出す——。清水港界隈には大正の末期から昭和にかけて、缶詰産業を中心に一大産業クラスターができた。

当時、日本鋼管（現ＪＦＥホールディングス）や金指《かなさし》造船所などがドックを構えていた。缶詰をつくるためには製罐事業も必要ということで、東洋製罐や大和製罐なども工場を清水に進出させた。

現在、清水地区には、超低温の冷凍・冷蔵庫群が建ち並ぶ。ここは冷凍マグロの世界で一番の基地になっている。清水港が国際貿易港として成長・発展してきた理由の１つは、同港が各国の船舶が自由に出入りできる港であったということがある。

清水港を管轄してきたのは運輸省（現国土交通省）。同じ駿河湾に面し、やはり遠洋漁業の拠点の１つである焼津港。その焼津港は農林水産省の管轄という違いがある。旧運輸省（現国土交通省）と農林水産省の規制というか、政策の違いは何か？

旧運輸省の管轄下の港では、各国の船舶、それが工業用資材を運ぶ船でも、また漁船にしろ、出入りが原則自由だということ。一方、農水省管轄下では、原則的に日本籍の漁船のみが出入りできるという違いがある。

清水港から世界各地へ向けて、商品やモノが輸出される。逆に世界各地から清水港を経由して日本国内に海外産品が入ってくるという体制を取れたことの意義は大きい。時代は変化していく。日本の遠洋漁業も人手不足で、次第に韓国や台湾へと移り、そして

物流・エネルギー事業からコンシューマー事業まで、グループ約140社が培ったノウハウやサービスで顧客と地域社会のニーズに応えている鈴与（写真は静岡市清水区にある本社）

中国へと移っていった。しかし、マグロ、カツオの世界最大の消費地は日本である。

「ええ、日本へ持ってこなければ駄目ですね。その日本へ持ってくるのに、焼津港は外国漁船が入れないので清水港に入ります」

この清水港の特性に目を付けたのが三菱商事で、鈴与と組んで東洋冷蔵を設立（1948年）。超低温の冷蔵施設がつくられたことで、冷凍マグロが大量に取り扱えるようになった。刺身用のマグロの世界一の大基地に発展してきた背景には、新しい事業の創出があったということである。

「時代の変化に伴い、清水港も自分たちを変えていった」――。この鈴木の言葉に実感がこもる。

「歴史があるから価値があるのではない」

「よく社員に言っているのは、会社は単に古く、歴史があるから価値があるのではないと。それは時代の変遷、変革の中をわれわれの先輩が知恵を絞り、自己改革し、生き抜き、社会に貢献し、生き残ってきたということに意義があるということです」

鈴木は『変革』という言葉を何度も強調する。そして次のように続ける。

「ただ古いということを言うのであれば、古い会社はたくさんある。大事なのは、時代、時代の変化に対応して自分の体をそれに合わせる努力を精一杯してきたことです」

鈴木は１９４１年８月生まれ。１９７７年に父（７代目・鈴木与平）の後を受けて鈴与社長に就任。36歳のときであった。そして、２００１年、60歳で８代目・鈴木与平を襲名した。

「よへい（与平）という古めかしい名前を継ぐのも……」と鈴木は当時、苦笑いしていたが、今は創業２２０年余の歴史を持つグループ代表の名にふさわしい。

子どもの頃から周囲に「お前はもう後継ぎなんだから」と事あるごとに言われてきた。このことが、幼少期の鈴木にとっては嫌で、「随分と逃げ回っていたのですけどね」

と笑う。

「何か、自分の運命が他人に決められたような感じでしたからね（笑）」

地元の清水小学校に入学したのは１９４８年。同校は明治中期の設立で歴史が古く、父親も通った小学校。

「戦後で子どもが急増し、校舎が足りなくて、二部授業だったんですよ」

二部授業。児童数も1クラス60人くらいいて校舎不足。そこで午前と午後のクラスに分かれて、授業を受けていた。戦争が終わって2年余。戦災の余燼《よくん》が残り、「まだ焼野が原なんですよ」。戦災孤児もいた。

「もう本当にボロボロの破れたズボンをはいている子とかいてね。わたしは、母が一応小ざっぱりした姿で学校に通わせてくれていましたし、それがちょっと恥ずかしい気がしたのを憶えています」

戦後間もないときで、世相も荒れぎみ。

「公立の小学校ですから、いろいろな人が来ましてね。子供心にも何かテンションが高くて、鈴与の息子だというので、いじめられましたね。でも、そんなひどいいじめではなく、ただ、『ヤーイ、お前の父さん、お金持ち』とか、そんな言われ方でしたね」

大抵は無視して済ませてきたが、たった一度だけ、ホウキを振り回しての大喧嘩になったときがあった。それも子どもの世界でよくあること。

「あとは結構仲良くやっていました。戦災孤児の子も、うちに遊びに来ていました。母が、その子が転んで擦り傷があると、赤チンを塗ってやったりしていました。当時の消毒薬は赤チンなんですよ」

その戦災孤児の子は港の近くにあるバラック建ての小屋に1人で住んでいた。

「今から思うと『やさしさ』に飢えていたのでしょうか、母に赤チンを塗ってもらったことを、すごく喜び、『おばさん、おばさん』とわたしの母親になついていました」と鈴木。

清水市（当時、現静岡市清水区）の小学校に通っていたが、国立静岡大学の附属小学校が1学年2クラス制から3クラス制になるというので、小学3年時から小中一貫教育の静岡大学附属小学校に編入学することとなった。

当時、清水市から静岡市の静岡大学附属小学校までは、静岡鉄道を利用して通学した。自宅から約40分の道のりだった。

伯母の家に下宿して県立静岡高校に進学

高校は県下随一の名門・静岡高校に1957年に入学した。当時の『経済白書』が『もはや戦後ではない』と日本が戦後の混乱期を脱し、成長期を迎えたことを高らかに宣言（1956年）。白書が出された翌年の静岡高校入学であった。

その頃は、学区制が激しく敷かれ、静岡高校へは静岡市内の居住者の子どもしか通えなかった。そこで、鈴木は母の長姉の家に下宿し、そこから静岡高校へ通学。高校時代はバレーボール部に入部した。戦績はどうだったのか？

「史上最弱のチーム。卒業した後、OB会に行くと、鈴木さんのときは弱かったと先輩や後輩からも言われて、史上最弱というのは一生たたるというのがよく分かりました（笑）」

当時は1回戦で大体敗れるという戦績。その頃は、静岡商業高校や韮山《にらやま》高校が県内では強豪校として活躍。「やはり体育会は強くないと駄目」と笑いながら話す鈴木である。

鈴木の高校在籍時、静岡高校は野球部のほか、テニス部、バスケット部も強豪校で鳴らした。文武両道の伝統は今も残る。

「そうですね。静岡高校の野球部にはプロ野球の選手になる人がいるかと思うと、東京大学へ進んだり、お医者さんになったりする人もいますし、大学の先生になる人もいて多彩ですね」

鈴木の母校愛は強く、ひと頃、同窓会の会長も務め、野球部支援にも動いてきた。

「野球部の中でも優秀な生徒がいて、群馬大学の医学部に推薦入学で入った者もいて、みんな優秀ですよ。それで東京大学の野球部にも進めるように、野球部の選手たちに、その気になってもらおうと支援してきたのですが、静岡高校野球部出身者が東京大学の入学試験に合格して、現在、３人が東京大学野球部で活躍しているのを見ると、本当に嬉しいですね」

鈴木自身の大学進学は後述するが、慶應義塾大学経済学部に進学し、同学を卒業後、東京大学経済学部の学士入学試験を受けて合格。１９６７年に東京大学経済学部を卒業という道のり。１つの目標を決めて努力し、目標を達成することの大事さ。母校の１つである東京大学への進学を静岡高校野球部の生徒たちに勧めるのは、自らの体験を踏まえてのことであろう。東京大学野球部では静岡高校出身のキャプテンも生まれており、文武両道の熱は今後も高まりそうだ。

鈴木が通っていた時代の静岡市立
清水小学校（下は現在の校舎）

「体を鍛えるということは、精神を鍛えることじゃないかと。大会に向けて頑張るとか、そうした前向きの精神が身に付くということですね」

練習ではつらいこともあるし、思うように成績をあげられず、悩んだり、忍耐や試練もある。そういう中で、自らの心身を鍛え、先輩後輩のつながりや連帯感も生まれてくる。

京都の街が好き

鈴木は静岡高校卒業後、慶應義塾大学経済学部に進学した。

「実を言うと、わたしは京都大学経済学部を受験しましてね、失敗したんですよ」

父親（7代目・鈴木与平）が京都大学（当時は京都帝国大学）経済学部の出身ということもあったが、「京都の街というか、その雰囲気が好きでしてね」と言う。京都大学の受験のときには、木屋町《きやまち》の旅館に泊まった。高瀬川《たかせがわ》が静かに流れ、街全体から醸し出される雰囲気、佇まいは今でも印象的だという。

「京都には住みたかったですね（笑）。今でも京都は好きです」と鈴木は語る。妻の寿美子はお茶（表千家）をやり、「お茶のご縁でよく京都へ参ります」とも語り、洛北の紫野《むらさきの》にある大徳寺《だいとくじ》はお茶とも縁の深い名刹《めいさつ》で、よく夫婦一緒に訪ねるという。この大徳寺には約20の塔頭《たっちゅう》（院）があり、室町期以降、一休宗純《そうじゅん》などの名僧を数多く輩出。〝侘び茶〟を創始した村田珠光《じゅこう》など東山文化を担う人物が参禅した所としても知られる。青春時代の思い出とも重なって、京の街は鈴木にとっても印象深いものがあるようだ。

「学生時代にも大徳寺へ行ったりしていました。あそこに真珠庵《しんじゅあん》という塔頭があって、あるとき、おばあちゃんが出てきて、普通なら中は見せられないけれども、学生さんなら見せてあげるわよと言って、庵《いおり》の中を見せていただいたことがあるんです。非常にこのことが印象に残っていましてね」

今では世界中を駆け巡る生活を送る鈴木だが、京都への思いもひとしおと言える。

静岡新聞『窓辺』より

一握りの砂糖

これは、子供のころの話である。

終戦直後の混乱期、幼い五人の子供たちを抱え母は苦労が多かった。特に、砂糖は手に入れることが難しく、子供たちに甘い物をたくさん食べさせてやりたいと、若い母親はいつも思っていたようである。

そんなある日、女学校卒業以来久しく会わなかった友人が母を訪ねてくれた。子育ての苦労、友人のうわさなど話がはずんだ中で、当時の食糧難の話となり、つい母は、子供たちに甘い物を満足に食べさせてやれぬことを愚痴ともなく話したらしい。

その時は、再会を約して友人は帰って行き、母もいつしか毎日の忙しさの中でそんな事も忘れていたある日、友人が再び母を訪れ、小さなちり紙の包みを大切そうに手渡すと逃げるように帰っていった。

包みを開けてみるとその中に、ほんのひと握りの砂糖が入っていた。それを見て母は泣いたという。

恐らく、当時の乏しいわずかな配給の中から、少しずつためてくれたものであろう。母よりもさらに苦しい生活をしていたはずの、その友人の心に泣いたのである。

時が流れ、いつしか日本は豊かになり、わが家でも子供たちがいつも甘いお菓子にとびつくわけでもなく、残すことも多い。それを横目で眺めながら、焼け跡世代はこの話を思い出し、複雑な気持ちになる。

古来、物を贈るということは、贈る側にとっても贈られる側にとっても自分の感情を表現する重要な手段のひとつであったように思う。

物資の不足していた時代が良いというわけではもちろんないが、物のあり余る豊かな時代となった今、人々はこのひと握りの砂糖の話のような、人間の友情や情けに素直に感動することが難しくなってきているのではないだろうか。

そろそろ、お歳暮のシーズンがやって来る。

(昭和62年11月10日)

第3章

慶大で
グライダーの滑空に熱中して……

大学入学時は、日本が高度成長に入るとき

　1960年、鈴木は慶應義塾大学経済学部に入学。入学してすぐに航空部に入り、飛行することに熱中する。その年の7月には、『所得倍増計画』で有名な池田勇人政権（首相在任は1960年7月―1964年11月）が登場。日本経済は高度成長期を迎える。日本は1945年に敗戦国となり、戦後は復興の道を歩く。1941年生まれの鈴木にとって、小学生時代は、まさにその復興期に当たる。

　先に清水小学校の低学年時代、同級生の中に戦争孤児がいたことを紹介したが、戦争のキズ跡がまだ色濃く残っていた。それが経済も復興し、当時の『経済白書』が「もはや戦後ではない」と宣言したのが1956年のことであった。そして、池田内閣が誕生し、『所得倍増計画』が打ち出された。日本全体に高揚感が増すときに、鈴木は慶應義塾大学に入学。まさに青春真っ只中であった。

「わたしは大学を5年やっていますから、卒業は1年遅れです」

　鈴木は慶應義塾大学経済学部を1965年に卒業。そして、東京大学経済学部3年次に学士入学。1967年に同大を卒業する。東京大学時代のことは後で触れるとして、

慶應義塾大学の卒業に5年かかった理由は何か？　「グライダーに没頭していましたからね」と笑いながら鈴木が語る。

鈴木は大学入学と同時に、グライダーで大空を滑走したいという気持ちを抑えがたく、航空部の門を叩いたのであった。滑空する場所はどこにあったのか？

大学に入学してすぐグライダーに熱中

１年生、２年生の教養課程は日吉キャンパス（横浜市港北区）に通うが、航空部が練習で使う飛行場は藤沢（神奈川県）の街の外れにあった。

グライダーに乗るための合宿するのだが、その際、お世話になったのが名刹《めいさつ》・遊行寺《ゆぎょうじ》。時宗《じしゅう》の総本山で、１３２５年、呑海《どんかい》による開山とされる歴史と伝統のある寺。正式には清浄光寺《しょうじょうこうじ》。藤沢はこの遊行寺の門前町として発展。東海道五十三次の宿場町でもある。この遊行寺には宿坊があり、各大学の航空部の学生も合宿所として利用。東京大学や早稲田大学の学生ともここで知り合い、「親交を深めるきっかけとなりました」と鈴木は遊行寺合宿の効用を語る。

当時の部員は12～13人。上部団体に日本学生航空連盟があり、早稲田大学や法政大学など連盟所属の大学と一緒に訓練を受けていた。

「航空部は割とお金がかかるので、各大学とも同じ場所で訓練をしたり、一緒に遊んだりしたものです」

高速で走る自動車に引っ張ってもらい、上昇し、滑空するグライダーに乗ったときの爽快感は何とも言いようのないもので、鈴木はたちまち虜《とりこ》になってしまった。鈴木のグライダーに熱中する姿を見て、父親は危険が伴う部活動だとして「気を付けるように」と一応たしなめたが、それ以上のことは言わなかった。鈴木は慶應義塾大学を5年かけて卒業することになるが、大学生活は航空部活動で始まった。

高校時代は山登りも好きだったが……

それにしても、部活動は他にもいっぱいある中で、なぜグライダーだったのか？

「わたしは、高校時代は山が好きで、結構、静岡近辺の山を歩いていたのです。登山というほどではないですけどね。ただ当時、登山の事故で何人か亡くなられた。そんな出来事があって両親から山岳部だけはとんでもないということになった。それで何部に入ろうかなと思っているうちに、グライダーがキャンパスに展示してありましてね。それで、フラフラッと入ってしまったと（笑）」

飛行物体には、その頃から興味があったのか？　「子どもの頃から好きでしたね。飛行機には興味がありました」と鈴木は即座に答える。

もっとも、飛行機はエンジンがあり、燃料を燃焼させて前へ飛ぶ推進力を得るわけだが、グライダーは空気の流れに乗らなければいけない。つまりは風まかせという側面があるわけだが、空気の流れが得られないと、途中で失速する。場合によっては墜落するという心配は抱かなかったのか？

第一、両親から、グライダー乗りには反対されなかったのか？　という質問に、鈴木は「あまり反対されたという記憶は残っていません。入部したことも報告していなかったので、両親も最初は知らなかったのかもしれませんけれども」と答える。ただ、ひょんなことで、両親はわが息子がグライダー関連の部に入ったことを知る。

慶應義塾大学の航空部に入部すると、自動的に日本学生航空連盟に登録をすることになる。同連盟は当時、朝日新聞社が全面的に活動を支援したりして、広がりを持った団体。ただ、登録の際に誓約書を書かされた。

「万が一、事故が起きても一切文句を言わないという誓約書が必要で、親のハンコを

慶應義塾大学生時代、航空部に所属（右から8番目の白い帽子をかぶっているのが鈴木）

貰ってくるようにという内容なんですね」

つまりは、万が一のことが起きても、損害賠償を請求しない——という誓約書である。その親のハンコをもらうときに、「グライダーは止めたほうがいいんじゃないの？　とか言われたような気がするのですが、正直、あまり記憶にないですね」と鈴木は笑いながら振り返る。両親も、そう強く反対しなかったところを見ると、それなりに心配はしつつも、青春時代の多少の冒険ということで、息子の〝チャレンジ〟を認めたということなのだろう。

キャデラックの中古車で引っ張り上げて……

では、どうやってグライダー飛行をやっていたのか？

「当時はキャデラックとか、ビュイックという大きな外車のポンコツがたくさんありましてね。米軍が使っていた車ですけれど、それを安く買ってきて、その車でグライダーを引っ張って上げるんです」

車の速度を80キロくらい出して引っ張るが、風があれば60キロくらいでグライダーは上がった。こうやってグライダーは上昇し、高度２００メートルくらいを約３分間飛び、地上に降りてくる。鈴木は入部した1年生のときから乗せてもらった。

「最初に空に上がったときは、本当に感激しましたね。空を飛ぶというのは、こういうことだと」

後部席にはインストラクターの先輩が乗っていて、アドバイスをしてくれる。飛行場の周辺は人家もなく、伸び伸びと飛行できた。グライダーの醍醐味は何といっても、飛んでいるときの爽快感。

「スーッと滑走すると、それこそなめらかな感じで、飛行機みたいに音はしないしね。ただ、その後は空に昇ると、後席の教官からあれこれどなられて、ずっと爽快というわけではなかったですね（笑）」

危ない目に遭ったことは？

「わたし自身はあまり危ない目に遭ったことはありませんし、機体も壊したことはなかったですけれどもね。ただ、いま振り返ってみると、やはり亡くなられた方もいます」

グライダー乗りも、毎回すべてがうまくいくわけではない。車で引っ張る綱が切れなくて、機体が地上に激しく墜落するとか、逆に引っ張る途中に網が切れて、そのまま失速して落ちたりと、事故も時に発生する。

「飛び上がるときと着陸するときが一番危ない。やはり地面が近い所が危ないですから」と鈴木。2年生になると、部員も20人以上になった。中には女子学生が4人も入ってきたりした。1960年代半ばで、空を飛ぶ女子学生がいたということだ。何とも心強い話。「慶應義塾大学には、男を男とも思わないような気丈な女子学生もいましたからね」と鈴木は笑いながら語る。

白井ゼミで学んだ社会思想史

こういうことで、1年、2年時にグライダー生活に明け暮れ、学業の方は少し疎かになってしまった。それで試験のときには苦労した思い出が残っている。慶應義塾高校など附属高校から入ってきた学生たちは、先輩―後輩や同年輩同士の、つまりタテ、ヨコの関係も濃密で、互いに支え合う情報網が発達していた。

「彼らは、いろいろなルートで講義録を手に入れたり、試験の勘どころをつかめたりして、うまく対応していましたね。われわれみたいに外部の高校から入学した者は、そんなありがたい情報は全然入りませんからね。それは試験シーズンに入ると、大変でした（笑）」

そうやって、教養課程の1年、2年次は過ごしてきたが、3年次になると、ゼミにも力を入れるようになった。

「もちろん、ゼミは取りました。白井厚《あつし》先生のゼミには熱心に出ましたね」と鈴木。経済学の領域で社会思想史を専門とする白井教授のゼミに入り、熱心に通った。当時、慶應義塾大学の経済学部には社会思想史の平井新《あらた》、経済学史の高橋誠一郎といった高名な学者がおり、白井教授はその系譜と言っていい存在。

「白井先生は90歳ちょっとになられましたが、お元気で、今も白井ゼミの集まりを年1回開いていています」

慶應義塾大学では航空部に在籍し、グライダー飛行に熱中したせいか、結局、1年間

航空部の先輩と大学3年次の鈴木（右）

延びて、5年を送ることになった。グライダー活動を通じて、部仲間との交流が深まり、先輩・後輩の関係もできた。この部活動でできたつながりは、社会に出た後も、鈴木にとって貴重な財産になっている。入学後はグライダー乗りに明け暮れたが、学部の3年次、4年次となると、ゼミを取り、勉学にもかなり時間を割いた。

「白井先生は社会思想史の教授で、マル経（マルクス経済学）でチャキチャキの先生でした。当時の慶大には、マル経の領域で若くて優秀な先生がたくさんいらっしゃったのです」

マル経を学ぶから、いわゆる左派の思想に染まるというのではなく、経済の基本、さらにはモノの考え方・価値観を学ぶということである。さらに今でも白井教授を慕うゼミ生たちは年に1回、集まるという。1965年に卒業して60年近くが経つ。それでも年1回の集まりを開くというのだから、白井ゼミのつながりがいかに深いかが分かる。しかも、ゼミ出身者は1人ひとりが毎年小論文を書くことになっており、それをまとめた本も出している。

「真面目な先生で、ゼミでわたしがタバコを吸っていたら、ドンと机を叩かれて、叱られてしまいましてね。君、わたしの前でタバコを吸うのは止めてくれたまえと」

卒業して後日、そのときのことを白井先生に話すと、「そんなことがありましたか、と先生は笑っておられましたけどね（笑）」。

ゼミの同期には三井化学に入った者や日本経済新聞社に入り、ジャーナリストの道に進んだ者などがおり、白井ゼミは多方面で活躍する人材を輩出している。経済の仕組みを根本のところで捉えようという学生時代の勉学。その輪は今もつながっている。

戦後復興、そして国際情勢変化の中で……

１９４５年8月、日本は敗戦国となり、焼土と化した中から復興へ動き出す。ＧＨＱ（連合国軍総司令部）の占領下に置かれ、新憲法制定をはじめ、教育改革、財閥解体と、国の基本となる諸制度の改革が続々と進められた。

ＧＨＱの占領は１９５２年に終わり、日本はようやく主権（独立）を取り戻す。ただ、戦後世界は自由主義陣営と社会主義陣営の対立が次第に顕在化。それぞれの陣営のリーダーである米国とソ連（当時、１９９１年に解体）が対立を深めつつあった。そういう国際情勢下で、考え方の対立が起き、それは大学内にも波及していった。学生運動が起こり、特に１９６０年代後半には、どこの大学も騒然としていた。

慶大では１９６５年に『学費値上げ反対闘争』が起きる。鈴木は1965年春の卒業で、卒業間際に『学費値上げ反対』運動が起きたわけだが、在学５年の間は概して「穏やかと言えば穏やか」という状態。鈴木が卒業してからの１９６０年代後半が〝荒れる大学〟の時代になった。「わたしたちはギリギリのところで穏やかな学生生活が送れた世代ですね」と鈴木は述懐する。

鈴木はこの後、東京大学経済学部３年次に学士入学する。

「東京大学の経済学部というのは、商学科と経済学科とがありましてね。慶大で言うと、商学部の部分が経済学部の中にあるんですよ。その商学科は学士入学の枠があって、試験を受けたら合格したものですから、東大に進んだのです」

鈴木のように、東大経済学部に学士入学してきた者の中には、横浜国立大学出身者もいて、多くは学者の道に進んでいったという。東大経済学部の卒業生は、大手銀行や民間の有力大企業に就職していったが、官庁に入る者も少なくはなかった。

同期生のそうした進路先を見ていて、東京大学を出るということは、「やはりブランドが違う」という感じを強く持ったという。とにかく１９６５年から１９６７年までの２年間、東大経済学部での勉学に「本腰を入れるぞ」との思いで臨んだ。そうした意気込みの鈴木だったが、少し、本郷（東大）の雰囲気は違ったというのである。

「中村常次郎《つねじろう》先生という大変立派な人格者の先生がおられて、そのゼミに入ったのですが、何か雰囲気が違うのです。わたしは何も知らないでゼミにいったものですからね。ゼミの学生も、運動部関係の者が多くてね。中村先生はゼミ生には優をくれると評判だったんですね。先生の講義とか、ゼミの両方を受けると、合わせて４つもらえるというので、運動部の連中には評判が良かったのです（笑）」

鈴木は、そうしたこととは関係なしに、講義にもゼミにも出席し、勉強した。

「中村先生は経営学が専門の先生。もともと戦前は福島高商（福島高等商業学校＝現福島大学）の教授を務めておられた方です」

戦後は、先述のようにＧＨＱの占領政策があり、新しい国の制度設計のため、パージ

（公職追放）政策も取られ、官庁や国立大学の教職から追放される人たちもいた。鈴木が東大経済学部に学士入学した1965年は戦後20年が経ち、世相はかなり落ち着いてはいた。前年には第1回東京五輪が開かれ、日本の高度成長経済を世界に発信し、日本は自信を取り戻してきていた。

ただ、終戦間もない時期のGHQ政策の影響が、鈴木が東大在籍時にも残っていたということである。

「中村先生も戦後のパージ（追放）で東大の先生方が抜けた後、東大の教壇に立たれたと聞きました」

鈴木にとって、慶大での5年間とはまた違う本郷（東大）の雰囲気も貴重な体験となった。

「ええ、それは独特の雰囲気がありました。やはり、アカデミックな大学という感じがしましたね」

「太った豚より痩《や》せたソクラテスになれ」

その東京大学も、1968年から1969年にかけて東大紛争が起きる。「わたしは

１９６７年に卒業しているので、混乱には巻き込まれませんでしたが、予兆はありましたね」と鈴木は語る。

「東大紛争のとき、総長代行を務められた加藤一郎先生は、わたしの在籍時は法学部教授で、民法を教えておられました。東大紛争の収拾へ向けて、本当に苦労された先生ですね」

鈴木はこう振り返りながら、「東大でもいい友だちがたくさんできて感謝ですよ」と語る。時代は時に激しく動き、変化していく。慶大卒業時の１９６５年は、日本の敗戦から20年という節目の年。そして、１９６７年に東大を卒業して1年後に東大紛争の発生。そうした混乱・混沌の中を関係者は必死に解決策を求めて生きてきたということ。

鈴木が東大経済学部に在籍していたときの総長は大河内一男《おおこうちかずお》である。経済学、社会政策の専門家で、１９６２年から１９６８年まで東大総長を務めた。その大河内総長が１９６４年3月28日の卒業式で、「東大卒だからといって、エリートとして人生を生きてはならない。太った豚より痩《や》せたソクラテスになれ」と訓示したという話は有名。

事実を言えば、これは卒業式で訓示するために事前に用意した大河内の原稿の中にあった一節。実際に、大河内はこの件《くだり》を話していない。後で、この部分があったことが

1967年3月28日、東京大学卒業式での友人との一コマ（左が鈴木）

メディアで話題になり、世間に流布したというのが真相。「太った豚より痩せたソクラテスという刺激的な表現で話題になりましたね。いろいろと考えさせられる言葉ですね」と鈴木は語る。変化の時代をどう生き抜くかという命題は今も続く。

静岡新聞『窓辺』より

友情

今の今まで遊んでた
学生時代につきあった
いろんな友がいたけれど
みんなみんな　今はない
ああ　なつかしい　古い顔

夜遅くまで　座りこみ
笑って飲んだものだった
その仲良しの飲み仲間
みんなみんな　今はない

ああ　なつかしい　古い顔

（チャールズ　ラム）

よく「学生時代の友が真の友で、社会に出ると本当の友人はできない」と言われる。しかし私たちの人生の中で、もし二十歳前後までしか真の友人ができないとしたら、少々寂しい。逆に、就職して間もないころ、会社の上司から、「人生のおのおのの場面で友人を得ることは素晴らしい。激しい仕事のぶつかり合いや、せり合いの中でも友情は育つ。要は甘えないで、自分がいかに自立し、人生や仕事に真剣に生きるかによる」と教えられた。

事実その方は、社内だけでなく、商売敵の中にもたくさんの友人を持っておられた。仕事では激しくやり合うが、いったん仕事を離れたら、お互いの実力を認め合い、親しい友人として愉快に酒をくみかわす、という関係は、端から眺めていても、実に男らしく、さわやかであった。友情は、心と心の触れ合いの問題なのであろう。

今回「窓辺」に機会を与えていただき、多くの方々からお手紙をちょうだいしたり、お声を掛けていただいた。その一つひとつの励ましが心にしみるものであった。気持ちの通うお手紙は、たとえそれが数行であっても本当にうれしいものである。改めてお礼を申し上げたい。

学生時代の友人は私にとって宝である。しかし、その後の多くの人々の出会いから生まれる友情もまた素晴らしい。そして、年齢に関係なく、心の通う方にお会いした夜は、腹の底まで暖かく豊かになったような気がする。新春を迎え今年も、私たちにとってどのような出会いと、友情が生まれるのであろうか。

（昭和63年1月26日）

第4章

興銀を受けるも、大物副頭取の〝一喝〟に……

就職先に興銀を選んで動き出す

「実は、わたしは最初、興銀に行くつもりだったのです」

興銀——。正式名称は日本興業銀行で、明治期以来、〝産業金融の雄〟として日本の産業界を支えてきた銀行。預金者から資金を預かる普通銀行と違って、割引金融債券（ワリコー）を発行して大量の資金を調達し、鉄鋼や機械、化学などの基幹産業に融資し、産業育成に努めてきた。２０００年前後に金融再編が起き、興銀は第一勧業銀行、富士銀行と経営統合を果たし、みずほフィナンシャルグループを結成（２００２年）、今日に至る。

鈴木が東京大学経済学部を卒業する頃（１９６７年）、興銀の金融界における存在感は圧倒的なものがあった。鈴木自身、自分が鈴与グループの創業者の長男ということは意識しており、いずれ鈴与の経営にタッチしなければならない。その前に、産業界全体を広く見ることができる場に触れたいという気持ちがあった。そういったことを強く意識するかどうかは別にしても、何かしら新しい物事にチャレンジしたいという若者特有の挑戦意識である。

「それで、親父に興銀に行きたいと言ったら『いいじゃないか』と言われて、興銀出身の関係者を紹介してもらったのです」

興銀は産業界に人材を送り込み、単に資金だけでなく、経営幹部になる人材もその企業に派遣し、成長させる銀行でもあった。日本が敗戦から復興し、鉄鋼、機械、造船、化学といった基幹産業を中心に、高度成長を遂げていく１９５０年代から１９６０年代は、まさに興銀の活躍の場が広がった時代でもあった。

日産自動車が再建を経て成長を成し遂げ、同社の〝中興の祖〟と言われる川又克二《かつじ》（１９０５年―１９８６年）、そして日産化学工業や山一證券の社長を務めた日高輝《てる》（１９０５年―１９８７年）や、百貨店・そごう（現そごう・西武）を再建し、一時的に日本最大の百貨店グループをつくった水島廣雄《ひろお》といった経済人が興銀から輩出した。

有為な人材を輩出する銀行ということで、興銀は当時、ますらお（益荒男＝元気のある人という意味）を輩出するとして『益荒男派出夫会』と呼ばれたりした。これは高度成長を遂げた昭和期のテレビドラマのタイトルにあやかって、世間でも流布された言葉。

さて話を元に戻すと、鈴木にとって、そうした興銀の仕事は自分にとっても、やり甲斐のあるものという意識があった。そこで、その想いを胸に父親に相談してみると、父親も同意したという経緯。

父の7代目・鈴木与平は京都大学経済学部卒業で、戦後の鈴与グループを発展させた。父親としても、息子が幅広く産業社会に接する場を体験することは、いいことだと捉えていたのであろう。

正宗猪早夫《まさむねいさお》・副頭取の一喝に……

当時の興銀の大学新卒者採用は東京大学出身者に対しては、ペーパーテストはなく、面接のみで行われていた。

「それで面接も終えて割合うまくいって、採用担当の人事課長さんとも仲良くなりましてね。自分としては、いい線をいっているなと思っていたのです」

そうしていたら、ある日、人事課長から鈴木に電話がかかってきた。「副頭取が会ってくれるから銀行に来なさい」という内容であった。副頭取が会うというのだから、これは大丈夫だなと鈴木は内心思い、興銀本店を訪ねた。

会った副頭取は正宗猪早夫（1912年—1999年）。1933年に東京帝国大学（現東京大学）経済学部を卒業し、興銀に入行。1964年に副頭取に就任、1968

年に頭取に就任、1975年に会長に就任という足取り。正宗は、洋画家の正宗得三郎《とくさぶろう》の長男として生まれ、伯父に作家の正宗白鳥《はくちょう》、歌人で国文学者の正宗敦夫《あつお》がいる。また、叔父には洋画家の正宗律四《りっし》がいるなど、文壇や画壇で活躍した芸術一家の中で育った。頭取時代も、大物頭取として金融界、産業界で大変な存在感のある人物であった。

その正宗副頭取の部屋に通されると、間もなく当の正宗は姿を現した。

「君ね、どういうつもりで興銀を受けるんだ」と、正宗からは予期しない質問が飛んできた。正宗は息をつかず、「君、一生勤める気があるのか？」とたたみ込んできた。

「はい、ございます」と鈴木が答えると、「嘘をつけ！」とピシャリ。

これは想定していたやり取りとは違うと、鈴木も面喰らってしまった。「君は鈴与の息子じゃないか。帰るに決まっているじゃないか。君ね、そういう気持ちで就職するのはよろしくない」と正宗は言って、じっと鈴木の顔を見つめる。

「散々お説教されましてね。それで『帰りたまえ』と言われてスゴスゴと帰って参りました（笑）」

社会人の第一歩を踏もうとするところで、頭をガツーンと殴られた感じであった。それから五十数年が経ち、鈴木はいろいろなことを体験し、数多くの出会いも重ねてきた。「印象に残る体験でした。今ではとても懐かしく思い出されるんですけどね」と鈴木は述懐する。

興銀・元人事課長の新村和雄《にいむらかずお》との〝縁〟

人と人の出会いは貴重なものであり、実にありがたいもの。また、人の縁とは不思議なものだと思える場面にも遭遇することがある。興銀就職を目指した際、お世話になった人事課長との出会いもそうだった。

「わたしが正宗さんに会った際、あまりに怒られたから大変ショックで、何か忘れ物をしたのです。人事課長さんが心配して、それを届けてくださった。それで何となく、その人事課長さんと仲良くなったのです」

当時の興銀の人事課長は新村和雄《にいむらかずお》という人。その新村は正宗副頭取の件で鈴木のことを不憫《ふびん》に思ったのか、何かと鈴木のことをかまってくれたという。そのことに鈴木は後々まで感謝の気持ちを抱き続けていた。

後述するが、鈴木は鈴与に入社して、すぐ日本郵船に出向の形で入る。日本郵船ではロンドンやパリなど海外勤務を含め、いろいろな人との出会いがあった。

「海外にも多くの友人ができ、いろいろな価値観、考え方にも触れることができました」

興銀を受けたときは正宗副頭取（後の頭取）に厳しくされたが、当時の人事課長・新村和雄の温かい対応に救われたし、そのことに対して鈴木は感謝の気持ちを持ち続けていた。鈴木は１９７７年11月に父の後を受けて鈴与社長に就任。鈴与建設、鈴与商事とグループ会社を統括し、新しい事業開拓にも注力していた。静岡市清水区は、鈴与グループ以外にも、清水銀行や他の有力企業が拠点を構える。その中に造船界の老舗・金《かな》指《さし》造船があった。

金指造船は１９０３年、金指丈吉《じょうきち》が大阪で設立した造船会社。大正年間に鋼製《こうせい》漁船の建造を始め、１９２８年に清水市（当時、現静岡市清水区）に移転。高度成長期の１９６０年代初期には、鋼製漁船で40％強の国内シェアを誇ることもあった。その後、造船不況の余波を受けて経営不振となり、１９８８年に会社更生法の適用を申請した。

その金指造船に、ある日、興銀から派遣されてきたのが、あの新村和雄であった。その新村は金指造船に取締役陣の一員として参画した折、鈴与本社に挨拶にやって来た。

「おお。鈴木君、君か」と会った瞬間、新村も声をあげた。

興銀の入社選考での一件は、新村にとっても印象に残っていたらしく、旧友同士が久しぶりに顔を合わせるような懐かしさが蘇ってきた感じである。

「もう奇遇でしたね。お互いに顔を合わせて、びっくりさせられましたよ」と鈴木もこう振り返りながら、次のように続ける。

「新村さんは実に豪快な方でしてね。金指造船に来られて苦境にあった金指を立て直されたわけです。そして、興銀にまた戻られたのです」

興銀の関係者は融資先の立て直しに向かうと、そこで腰を下ろし、定年までいるというケースが普通だが、新村の場合は違った。金指造船を立て直した後、もう一度、興銀に常務として戻り、当時の『地方営業部』を担当した。融資先として鈴与も担当し、またここでも御縁が繋がった。

さらに付記すると、その後、新村は東海汽船に経営トップとして赴任。伊豆大島など伊豆七島と東京を結ぶ航路を持つ東海汽船は七島住民の生活航路であり、また、全国各地からの七島への観光客を運ぶ航路を運営する会社。新村はその東海汽船の社長になり、同社の経営安定化に貢献。そして2001年にこの世を去った。享年74。興銀の『地方営業部』が経営者同士の勉強会を主催し、この『地方営業部』の担当常務が新村であった。これに各地の企業経営者が参加し、交流を深めていった。

「いろいろな各地の経営者の方と交流させてもらい、今でも、わたしは長野電鉄さんなど、なつかしい御縁が続いているところもあり、ありがたいことです」

鈴木は興銀との縁をこう総括する。基本は人と人の出会いであり、交流が大事という鈴木の認識である。

日本郵船の最初の配属先は神戸支店

「仕事を覚えるだけで大変でした。しかも関西弁というか、神戸弁ですから、よく分からなくて。もう電話を取るのが本当に恐怖でしたね（笑）」

鈴木は1967年、鈴与に入社。そしてそのまま、出向の形で日本郵船に入る。鈴与は清水港開港以来、日本郵船の代理店業務を引き受けており、その縁もあって日本郵船に出向となった。新入社員としての社会人時代は日本郵船で過ごすことになる。最初の配属は神戸支店。同期入社は16人。そのうち4人ずつ、横浜、名古屋、神戸の3支店と本社に配属された。

五十数年経った今でも、同期とは仲が良いという。「何と言っても入社同期の桜ですからね。今でも時々、会合を開きますよ」と懐かしそうに鈴木は語る。神戸支店に配属

日本郵船で過ごした日々が鈴木にとっても有意義なものだった（写真は1994年に同期で集まったもの。左端が鈴木で、中央が夫人の寿美子さん）

となった鈴木は冒頭のように、神戸弁でのやり取りに戸惑いを覚えながらも、仕事の面白さに引き込まれていった。

「神戸の仕事はドキュメンテーションといって、書類の整理などをやるのですが、人手不足で仕事は全くはかどらない。当初、短気な取引先の担当者からガチャンと電話を切られたりして、それこそ戸惑いを感じましたが、だんだん土地柄に慣れてきて、仕事は楽しいと感じましたね」と鈴木は新入社員当時の様子を語る。

神戸支店での仕事は海運業務に欠かせない書類を扱う部署。島国の日本にとって海運業務は重要な社会インフラを担う仕事であり、やり甲斐のある仕事である。当時の日本郵船では1隻の船に乗る通信士を3人から2人に減らす——という改革を進めていた。1人は余るので、その余剰人員を海から陸《おか》に上げて鈴木たちがやっていたドキュメンテーションの仕事に回すというものであった。

「われわれ新入社員は、そういう事情も何も知らないで神戸に行ったのです。配置転換が遅れて、その人たちが来ないわけですよ。そのせいもあってか、仕事は忙しかったですね。最初から150時間ぐらいの残業でした」

月に150時間の残業とは、今の時代から見たら大騒ぎになる残業時間だが、当時は日本全体が高度成長の波に乗っていたとき。「それが当たり前だと思っていたので、何ということはなかったですね」。新入社員として、とにかく前向きだった。「楽しかったですね」と、残業時間の多さも全く苦にならなかったと鈴木も語る。

敗戦から20年余。まだ戦後復興の余熱があり、企業社会も熱かった。

歓迎会の席上、課長と課長代理が殴り合いに

「日本郵船での仕事は楽しかったのですが、船会社独特の荒々しい場面にも遭遇しましたね」と1960年代の当時の海運界の風土を鈴木が語る。新入社員の鈴木たちが配属されてきたということで、神戸支店が歓迎会を開いてくれた。「その宴会の席上、課長と課長代理が殴り合いの大喧嘩になったのです（笑）」。

件《くだん》の課長と課長代理は共に東京大学の出身で、2人とも仕事のできる人たち。ただ、昇進の関係で年の若い方が先に課長になり、年上の課長代理は普段から面白くないと思っていたのかどうか、関係もギクシャクしたものがあったらしい。2人とも仕事はできるし、支店内でも評判は良い人たちだった。

鈴木は年上の課長代理の下に付いて仕事をしていたので、いわば間に挟まれる形であった。宴もたけなわになっていくが、2人は歓迎会の間中、互いにそっぽを向いてしまったまま。そのうちに何かの件で言い合いになり、課長代理が課長の胸ぐらを掴んで一触即発の状態となった。「これはえらいところに来たなと、そのときは思いましたよ（笑）」と鈴木。しかし、さすがに当の2人も大人である。胸ぐらを掴み合ってのにらみ合いになったものの、最後は冷静にその場を取り繕ったという。

「日本郵船にはそういう酒を飲んでは談論風発というか、多少の荒っぽさはありました。でも、一夜明ければケロッとしているという男らしい風土でしたね」

海の上の仕事である。海上は波が穏やかな日々ばかりではない。時に荒れ狂い、大波を受け、船が揺れるときもある。それでも海へ漕ぎ出す気性というのも要求される。社内ではよく議論した。議論を戦わせながら、１つの方向に意見をまとめ上げていくということである。

「ええ、昔のネイビー（海軍）精神と言うのでしょうかね。本当にネイビー出身の上司がおられましたから」と鈴木も語る。明治期から終戦時まで、広島・江田島《えだじま》にあった海軍兵学校出身の人たちも海運界には少なからずいた。海軍兵学校といえば、戦前の若者たちの間で人気のあった学校。英国海軍のスマートな幹部養成を参考にしたといわれるだけあって、ジェントルマン（紳士）を育成する学校という評判であった。

ネイビー精神という言葉の中に〝スマート〟という意味合いが込められており、特にこれは陸軍と比較するときに、海軍の気風を表す言葉として使われた。「わたしの東京本社時代での部長は三浦節《たかし》さんという方でしたが、この人も、日本帝国海軍の海軍大尉で、戦艦大和の沖縄特攻に駆逐艦の航海長として参加され、米海軍のグラマンに乗艦を沈められ、九死に一生を得られた方でした。また、わたしの直接の上司の課長は海軍兵学校生徒で、終戦を迎えられた方でしたから、よく海軍の話を伺いました」

三浦部長に若き鈴木も夜の街に連れて行かれた。酒に強い上司だったが、どんなに酔っ払っていても、帰る時間になるとシャキッとして「おい、鈴木、帰るぞ」と背筋を伸ばして帰宅の途につくという風情。「そのスマートな感性がすごい。日本郵船では、そんな感じを受けましたね」と鈴木は往時の日本郵船の風土を振り返る。

残業する部下の労をねぎらう上司

当時は敗戦から22年。戦争を体験し、また戦乱の中を生き抜いてきた人たちが社会の中枢を占めていた。それだけに、なぜ日本は敗戦国となったのか——という議論も活発であった。

お酒の席で、当時の上司の中に東京大学出身で海軍の予備学生だった宮岡公夫営業部長（後の日本郵船社長）が「大体、海軍兵学校出がだらしないから日本は負けたんだ」と言えば、海軍兵学校出身者が「何を言うか、大体予備学生は腰抜けで、何の役にも立たなかった」と言って反論が始まるといった具合。そういうやり取りが日常生活の中で交わされる時代でもあった。

「一番面白かったのは、元海軍少佐から兵学校生徒まで、いろいろな階級の方がおられたということですね。同じ歳でも、海軍勤務から終戦となり、入社年度も違うし、会社での格もいろいろ違うわけですね。それが宴会で初めは会社の職制で並んでいても、いつの間にか、かつての海軍の階級で一番上の人が一番上座に座り、軍で階級の下だった上司が下座に行ったりして、席の順番が自然に変わっていくのです」

日本が敗戦を経て、経済大国の道を必死にみんなで走っていく。当時の人たちの覇気というか、前向き精神が戦後の高度成長を後押ししたということであろう。

「そうかもしれませんね。かつての上司が『俺が若いときは海軍軍人に憧れて、軍艦のタラップを上っていくと、入口に整列した水兵が〝ピーッ〟と笛を吹いて敬礼してくれる。そういう艦長になりたくて人生頑張ってきたんだ』と言っておられました」

いろいろな思い出が残る日本郵船時代である。鈴木は日本郵船に都合10年在籍。海外勤務も体験し、「大いに勉強になりました」と、この頃のことを振り返る。時には役員が上層部の役員室から下りてきて、残業中の鈴木たちに「おお、やっているか」と声をかけてくれる。

定時に仕事が終わらず、残業している部下の労をねぎらう上司の声はありがたかった。「一杯飲もうか」と上司は手にしたウイスキー瓶を見せ、鈴木たちを近くに集める。そこで仕事の手を止め、ウイスキーを口にしながら上司を中心に議論が弾む。

「そんなときは、こちらも楽しかったですね。仕事をしていく上で、自分たちの思いを伝えられましたからね」

時に不満めいたものも含め、自分たちの思っていることを上司に言い、また上司もそれに対して自分の考えを話してくれる。ウイスキーを口にしながらの議論だから、発言の〝自由度〟も増す。平時の仕事の時間内ならば口にできないこともできるということで、楽しいコミュニケーションであった。それで、丸の内の会社でのウイスキー談議が盛り上がると、銀座方面へ繰り出す。時に話は盛り上がり、夜中の1時、2時まで飲む。翌日はまだ頭がボーっとしていることもあったが、楽しい思い出である。まさに、談論風発。上司も交えて仕事仲間同士でトコトン話をすることで、文字通り仲間意識も高まる。

「本当に楽しかったですね。わたしは一番の下っ端でしたから、余計面白かったですね」

鈴木は鈴与からの出向という形で、日本郵船で働いていたわけだが、日本郵船側も普通の新入社員として扱ってくれた。つまり、特別扱いも一切なかったということである。

「他の新入社員と全く同じ扱いで、同期の仲間と同じように研修も受けさせてもらって、本当に感謝しています」と鈴木も語る。

海外勤務を希望して

社会人としての第一歩を踏み出す。このときの体験が、その後の人生に大いに影響を及ぼすと言っていい。その意味で、鈴木にとって日本郵船での10年間は「大変勉強になりました」と、鈴木は今でも感謝の念でいっぱいだ。後に鈴与に戻り、社内のコミュニケーションにもいいからと、鈴与社内でもウイスキー談義を始めた。

「そうしたら親父にえらく怒られちゃいましてね。お前、会社で酒を飲むなんて、とんでもないと（笑）」

コミュニケーションの取り方は、その会社、会社で違うし、その会社に合ったやり方で進めていくということである。「今はもう日本郵船でも、そういうやり方はなくなったみたいですけどね」と鈴木も、ウイスキー談議は自分の記憶の中にとどめている。

いずれにせよ、上司と部下の関係、先輩と後輩、仕事仲間の一体感・連帯感を図るにはどうすればいいかは今日まで続く一大テーマ。ＤＸ（デジタルトランスフォーメーション）やＡＩ（人工知能）、ＩｏＴ（モノのインターネット化）が活用されるいま、

「何といっても同期の桜」と話す鈴木（左から2番目）。日本郵船での経験は鈴与でも生きた

コミュニケーションをどう取っていくかということである。

鈴木は先述の通り、日本郵船で10年過ごすが、その終盤になって「海外で働かせてくれませんか」と上司にお願いを出す。それが受け入れられて、英国勤務、ロンドン行きが決まった。文化、生活習慣の違う異国での体験はまた、鈴木にとって「大きな勉強」になった。

静岡新聞『窓辺』より

みなと

かつて、「みなと」と言えば、外国の船と外人さん、そして、はしけが行き交う荷役風景がすぐ身近に眺められ、なんとなく異国を思わせるものがあった。そして、ハーバーライトの美しいメロディーやミナトヨコハマ、ポートコウベといった情緒あふれるイメージがつくり出されてきた。現実の港湾は、比較的地味な経済の分野であり、新聞の話題になることも従来からあまりなかったが、日本経済の発展の中で港湾の果たした役割は大きかった。

例えば、高度経済成長の始める直前、急速に拡大する経済に、港湾整備が間に合わず、船はおのおのの港にくぎづけとなり、大混乱に陥って、日本の経済成長そのものを阻害しかねぬ要因として大問題となったことがあった。

幸い、関係者の努力の結果、事なきを得たが、海外との貿易が生命であるわが国が四面を海に囲まれていることを考えれば、その玄関たる港湾の重要性は無視できぬものがあると言えよう。

こうした苦い経験もあって、全国で港湾建設が進められ、大いにその後の日本経済の発展に寄与したことは高く評価されるべきであろうが、結果として、かつて日本人が愛した海が遠くなってしまったことも否定できない事実であろう。

近代の港湾は、かつて市民が自由に眺めることができた、以前ののどかな荷役風景と異なり、広大なヤードの中を大型クレーンや機械がうなりをあげて走り回る、あまりにも殺風景な港と化し、市民が憩うには危険な場所となってしまった。また、船は旅行者を運ばなくなり、船員の数も少なく、港に滞在する期間もわずかになって、貨物を扱うだけになってしまった。

今後の港湾の大きな課題は、もう一度、「みなと」として人間臭いにぎわいを取り戻すことにある。そのためには、都市と港との有機的なつながりを都市計画と港湾計画の中に求め、その共生を考えることが必要であろう。

この全国でも初めての試みが、運輸省をはじめとする関係者の方々の手で、今、清水港の日の出地区で始められようとしている。成果を期待したい。

（昭和62年12月22日）

第5章

日本郵船で世界を知る

英国病の真っ只中にロンドン支店に勤務

「わたしがロンドン支店に赴任したときは、鉄鋼ストライキなどがあって英国経済が本当に厳しいときでした。有名なサッチャー首相の前です」

戦後の英国は『ゆりかごから墓場まで』の標語に代表されるように、資本主義発祥の地でありながら、社会保障が隅々にまで行き渡っていた。当然、国の歳出は年々かさばっていく。一方、経済は低迷ということで、社会の随所にきしみや矛盾が現れてくる。当時は、苦境にある英国を指して『英国病（イギリス病）』と呼ばれていた。この英国病克服へ、颯爽《さっそう》と現れ、『鉄の女』といわれたマーガレット・サッチャー女史（1925年―2013年）。英国保守党党首になり、1979年5月から1990年11月まで首相を務めた。

鈴木が英国に赴任した1974年は、労働党政権でハロルド・ウィルソン首相の時代（首相在任は1974年―1976年）。その後、同じ労働党のジェームズ・キャラハンが首相を務める（在任は1976年―1979年）。このキャラハンの後、保守党のサッチャー首相の登場となる。サッチャー首相は水道、電気、ガスなど社会インフラを担う公共機関の民営化を強力に推進。そのための規制改革を行い、労働組合勢力とは真っ向から対決姿勢を見せるなど、『鉄の女』（Iron Lady）と評されたものだ。

当時の日本は石油危機で同じように打撃を受けていたが、官民挙げて省資源・省エネルギーの産業政策を推し進め、危機を乗り切ろうとしていた。

「英国内はスト、ストで大変なとき。日本は経済力を付けて、日本人の駐在員は肩で風を切って歩いているという風情でしたね」

英国病といっても、画期的な蒸気機関を発明したジェームズ・ワットのように、18世紀後半以降の産業革命を牽引《けんいん》してきたという自負が英国民の中にはある。世界の金融をリードする金融街・シティに行くと、「山高帽《やまたかぼう》を被って傘を持つという紳士がまだ歩いていましたね」と鈴木は述懐。英国紳士が山高帽で通りを歩く姿が絵になって浮かんでくる話だが、鈴木は次のように続ける。

「そういう光景が見られた最後の頃でしょう。ロンドンの街も今は、どんどんきれいになってきましたけれども、まだあの当時、昔ながらの石炭の黒いススがついたビルが随分と残っていました」

まだロンドン市内の日本料理店も、そんなに多くない時代。ロンドンの一角に日本人倶楽部があって、そこで和食が食べられるというので、鈴木も時々出かけた。早くから海外支店網を築いていた三井物産や三菱商事など、大手商社や日本郵船などの海運大手の現地駐在員たちが中心になって、その日本人倶楽部を利用していた。そのほか、英国名物のファストフードであるフィッシュ・アンド・チップスも味わった。タラの切り身を唐揚げし、それにポテトを添えた食べ物。

「あれは手軽に食べられ、おいしいです。そのもの自身は決してまずいことはないです」

鈴木はその味をこう評価するが、「もっとも、毎日食べると、くたびれますからね（笑）」と語る。

長女はロンドンで誕生、英国籍も取得して……

ロンドン駐在時代に最初の子ども、長女の菜穂子が誕生。当時は英国で生まれた場合、誕生と共に、英国の国籍が付与された。

「誕生したときは、在ロンドンの日本大使館にも届け出て、日本の国籍を留保すると書いて出したのです。日本の国籍もいただいていたのです」

長女・菜穂子の場合は、つまり「ダブル国籍」になったということ。出生地主義の国では、その国で生まれた者に国籍を付与する。ただ、英国はその後、1981年にイギリス国籍法が発効し、片親が英国市民、または英国属領市民であるか、英本国あるいは植民地で永住権を有する場合にのみ、イギリス国籍が与えられることになった。国籍に関する取り決めも、その国の歴史や家族観を含む文化風土と絡まってくる。

「わたしの場合、東京で日本郵船勤務時代に結婚して、ロンドンへは単身赴任しようと思ったら、家内が1人で行くなどとんでもないと。わたしも行くわよという話になりました」

当時、英国には植民地や海外属領があり、出入国にも厳しい取り決めがあった。「植民地があったものですから、一定の妊娠期間が過ぎた女性は入国できないのです。つまり、イギリス国籍を取るために入国する元植民地の女性たちもいるので、期間前に入らないといけないという規定があったため、家内は妊娠9カ月の身重でギリギリで渡航し、向こうでお産したということです」と鈴木は背景を語る。そうした中で、長女・菜穂子は日本と英国の二重国籍を持つ身になったが、20歳で成人するときに、どちらか1つの国籍をチョイス（選択）しなければならない。長女の場合は、それでイギリス国籍を外したという経緯である。

ロンドン駐在時代はこのように、国とは何か、国籍を得るとはどういう意味があるのかをよく考えさせられる契機となった。国という存在を文字通り、肌で感じるということである。

「そうですね。いろいろ新しい経験をしました。お産も英国独特で面白い体験でしたね」

ドクターたちの動きに感謝

結婚して最初の子どもということで、母体に無理をかけずに出産するために、無痛分《ぶん》娩《べん》で臨むことにした。当時の英国医療保険では、無痛分娩はできなかった。そこで「プライベートで少しお金を払うと、ドクターが付いてくれて無痛分娩ができるわけです。それで、お願いをしようということになりました」と鈴木。

医療機関に夫婦一緒に出かけると、三つ揃いのスーツをパリッと着こなしたドクターが現れた。日本なら白衣を着た産科医が出てくるところだが、英国の産科医は「三つ揃いを着て、分娩室に入るときから、出産を経て部屋を出てくる最後の最後まで、その格好でした」と鈴木は、そのときのことを振り返る。

陣痛が始まり、いよいよお産の段階になると、「さあ、やりましょうといった具合に、そのお医者さんはスーツの上着を取って腕まくりして、エプロンをその場で付け、お産に立ち合うわけです」と鈴木。ほどなく同様に三つ揃いを着た麻酔医が来て、注射をし、お産は別の部屋でとなった。「君も同席しなさい」と例のドクターに言われたものの、「それは勘弁してください」と別の部屋で待たせてもらうことにした。

出産を待つ身として、同じような心境だったのだろう。その部屋にはイギリス人の若い父親が３人くらいいて待機していた。近くの分娩室からは時折、「ウォー」といった叫び声が聞こえてくる。その度に待機部屋では「ウッ」と緊張感が走る。それで、看護婦が「生まれましたよ」と呼びに来てくれる。父親たちは１人去り、３人去り、最後は鈴木１人になった。少々、心細くなったが、看護婦が駆けつけて来て、「生まれましたよ」と笑顔で知らせてくれた。

分娩室に入ると、赤ん坊に擦り傷がついている。出産というのは本当に大変なことなのだなと、改めて思い知らされた。少し戸惑っていると、ドクターから「かわいいだろう。キスしろ」と声をかけられた。「ええっ」――。英国では生まれたばかりの赤ん坊にキスするのかとびっくりさせられた。

新しい命が誕生することを全員で祝ってくれている。そのことに鈴木の心の中に感動

ロンドン支店時代の家族写真（左から、鈴木、長女の菜穂子さん、夫人の寿美子さん）

スコットランドにも足を運んだ（一番左が鈴木）

とスタッフへの感謝の気持ちが湧き起こってきた。さらにびっくりさせられたのは、ドクターから「ご苦労さん」と言われて、分娩室の中で「お茶はいかが」とワゴンで紅茶が運ばれてきたことだ。「うちのかみさんもお茶を勧められたのですが、さすがに出産した直後で、とても飲めなかったのです。でも、わたしはドクターと助産婦と３人で、分娩室の中にいながら、お茶で乾杯しました（笑）」。

日本と英国の文化の違いと言うか、生活習慣の違いと言うのか、この出来事も長女誕生秘話である。「はい、さすがにお茶の国だと思って感心しました」と鈴木は、このときの体験を踏まえて次のように語る。

「出産の仕方も、わたしが体験したようなやり方で今でもやっているのかどうか分かりませんが、大変勉強になりました。正直言って人生観が変わります」

パリならではの空気に刺激されて……

ロンドンに２年駐在した後、鈴木はパリ駐在員事務所勤務となる。パリ駐在員事務所は大西洋岸でフランス第１位の港湾規模を誇るル・アーブルと地中海に面するマルセイユの港湾を管轄する。

「ちょうどその頃、地中海にコンテナ船が就航するというので、ものすごくパリの駐在は忙しくなりましてね。その応援が欲しいということだったのです」

パリの駐在からは、「鈴木君、一度、1人で遊びに来ないか」と誘われていた。そこでパリに出かけ、レストランでご馳走になったりした。どうやらパリ駐在は鈴木に的を絞り、〝スカウト〟しかかった感じである。鈴木としても、英国での仕事も楽しくやっていたが、新天地・パリでの仕事もやってみたいなと思っていた。

「鈴木君、ロンドン支店にパリに行きたいと申告しろよ」とパリ駐在の先輩がそそのかす。「それはもう、わたしとしても大歓迎ですから、そう言ってみます」と鈴木も答える。

ロンドンに帰って、上司で副支店長の根本二郎（後の日本郵船社長）に、「パリに行きたいのですが」と切り出すと、「そうか。せっかくロンドンの仕事にも慣れてもらったのだが、そういうことなら、やむを得ないな」と根本副支店長も了承してくれた。花の都・パリでの仕事――。パリ駐在員事務所の思い出について聞くと、「それはお金さえあれば、あんなに楽しい街はないですよ」という答えが鈴木から返ってきた。

「ロンドンでの生活は不味い食事に閉口していましたが、パリは食事もうまいし、パリ駐在から、こちらへ来ないかと誘われたので嬉しかったですね」

ロンドンも家族一緒の生活だったが、それはパリでも同じ。仕事はどうだったのか？

「パリは当時、週末になると、ヨーロッパ出張している人たちが集まって来るのです。ですから、もうお客さんが何人も重なってしまうわけです。当時はＪＡＬ（日本航空）も北回りのアラスカ経由でしたから、朝6時にオルリー空港に着くわけですね。とりあえず空港へ迎えに行って、パリの街へお客さんと一緒に戻って来るわけですが、ホテルはまだチェックインできない時間なのです」

日本からパリに向かうには、以前はアラスカのアンカレッジ経由の北回り空路で、現地パリには朝6時頃に到着というスタイルであった。日本からの顧客をアテンドするのは鈴木の仕事。お客が午前6時に空港に着いたとして、ホテルにチェックインするまでは時間が随分とある。そんなときはどうしたのか？

「お客さんを車にお乗せして、パリの市内観光です。『あそこがエッフェル塔です』と市内の名所を巡り、お昼近くになったらモンマルトルまで行って、そこでエスカルゴなどの食事を差し上げて、それからチェックイン。大体そんなパターンでお客さんを迎えるわけです。まあ半分、トラベルエージェントみたいなことをやっていました（笑）」

仕事はフランス国内だけにとどまらず、オランダやベルギーなどにも出張で出かけた。

パリ駐在員事務所時代に娘の菜穂子さんと一緒に訪れたシャンボール城の前で（左から、鈴木、母・明子さん、父で7代目の鈴木与平）

「はい、ドイツやベルギーもしょっちゅうでしたね。ヨーロッパはありがたいもので陸続きです。車さえあれば、どこにでも行けますからね」

ビジネスで使う言葉は英語。それはフランス国内でも同じだった。「船会社の世界は英語が基本ですからね。どの国へ出かけても、英語を使っていました」。もっとも、パリ駐在員事務所のフランス人の支配人は少し様子が違った。鈴木が英語で話しかけても、英語で応じてくれないのである。

「それで、下手な片言のフランス語でやっていたのです」と支配人とのやり取りだけはフランス語を使っていたという。パリ駐在員事務所での勤務が1年経ち、鈴木が別れの挨拶に、その支配人のところに赴《おもむ》いた。すると、その支配人は、とても流暢な英語で「お前、よくフランス語を勉強したな」と笑顔で返してきた。これには鈴木もびっくりさせられた。英語を十二分に使えるのに、支配人はそれを1年間、微塵《みじん》も見せなかったということ。

「こちらは恥をかいちゃいましたよ。でも、楽しかったですね」

同じ欧州でも、ドーバー海峡を挟んで大陸側にあるフランスと島国のイギリスでは、生活習慣はもちろん、文化風土も違ってくる。

英仏両国の文化の違い

「イギリスとフランスは距離的には近いのですが、フランスは大変な個人主義の国と言われ、一見すごく冷たいように見えるのですが、いったん仲良くなると、ものすごく仲良くなるんですね。イギリス人も親切なのですが、伝統的・保守的な印象でした。フランスの人たちにはいろいろと助けられました」

文化風土、気質がイギリス、フランス両国では異なるということである。ともあれ、そのときに交流のあった人たちとは、その後どうなっているのか？

「そのとき付き合ったフランスの友人は、もうみんな亡くなってしまったけれども、その友人の子どもがメールを送ってきて、おじさんのところに遊びに行きたいなんて言って、家族で日本に遊びに来たりしています」

パリ駐在員事務所在籍は1年、1976年から翌年までのこと。短い期間であったが、人の付き合い、つながりというものは実に面白いもの。フランスはラテン民族特有の明るさもあるのか？「そういう要素も多少はあるのかもしれませんね」と鈴木。

同じヨーロッパでも、気質が違うし、スポーツの領域を見ても、サッカーはフランスが強いし、ラグビーはイギリスが発祥の地だけあってイギリスが強い。それぞれ特有の文化、気質を持っているということ。

日本郵船時代に、ロンドン、パリの両国で仕事を体験しての思い出と感想はどうか？

「いろいろありますが、一番わたしが勉強になったのは、これはヨーロッパ人だけの違いではないと思いますけれども、日本人はモノを言わないで分かり合うというのが、最高の美学とされるところがあります。しかし、海外で暮らしていると、モノを言わなければ駄目だと。そうでなければ、互いに分かり合えない世界だということが骨身に染みましたね」

３年間の海外勤務は鈴木にとって貴重な体験となった。

「ですから、良いことは、少し大きく言うという世界を頭に入れながら外国人と付き合っていないと、スタンダードな関係にならないですね。だから遠慮して、悪いことも、何となくこれくらいにして、あとは黙っていると、本当にそうなってしまう。日本風がいいと思って、謙虚にこれくらいにしておこうかとやると、相手にそんなものかと思われてしまう」

鈴木は欧州と日本の価値観を比較すると、「全く違うと感じることがある」という体験的な感想を語る。異なる国や地域同士でコミュニケーションを取る場合は、相手の価値観を十分頭に入れてやり合わないと相互理解にならない。コミュニケーションがいかに大事かということである。

「だから、言わないで分かるなんて思ったら、とんでもないことで、言わなければ分からない世界だと思っていないといけないと思います」

このことは、経済取引の領域だけではなくて、外交といった領域にもつながる話である。

「そうだと思います。だから、あまり謙虚な姿勢というのは、ある場合にはリスペクトされないこともありますよね。『お前、何も言わないじゃないか』ということにもなりかねない。これは、日本のカルチャーと全然違うと思いますね」

鈴木はこう海外と日本のコミュニケーションの取り方の違いについて語り、「日本はそれで損しているのではないかと思います」と感想を述べる。

海外取引が増えるいま、積極的に英語での対話を

日本全体で見ても、これから海外の仕事は増えこそすれ、減りはしない。いかに対話、コミュニケーションが大事かということである。鈴与グループは国際物流で米UPSとの取引が増えている。物流の領域だけでなく、今後、海外との取引、グローバルな取引が益々増えてくる。

「コミュニケーションをしっかり取ることがものすごく大事ですね。わたしどもの会社も、今は英語で対応するケースが増えていますが、以前はやはり外国人が来ても、会議や会合の場に日本人が入っていると、ある部分は日本語で話すことも多かった。わたしは、それは絶対に駄目だと。どんなに下手でもいいから、すべて英語で喋れと。例えば夕食だとか、会食の場合でも、1人でも外国の方が入っていたら、日本人同士もすべて

鈴木、菜穂子さん、夫人の寿美子さんの3人で行ったノートルダム大聖堂

英語で話しをしようと、そういうことをやかましく言ってきました。ですからおかげさまで、われわれの会社での外国人との付き合い方は、割合うまくいっていると思います」

21世紀に入って20年余、世界は混沌とした状況だが、どう生き抜くかということ。事業は時と共に変化していく。鈴木の『変化対応してこそ！』という基本認識は、ここ清水で生まれ育ち、経営者人生を積み重ねてきてのものである。

大学を出て社会人になるとき、最初に日本郵船に約10年間、身を置き、ロンドン、パリ両国で海外業務に携わったことは、時代の変化を体で感じる上で、「大いに勉強になりました」という鈴木である。

世界の相場

外国に暮らしていると案外な所で、私たちと考え方に違う部分があることに気づくことがある。

以前英国に住んでいたことがあるが、冬の季節は、日が短く、朝は八時になっても暗く、夕方は四時には外灯がつき、霧や雨が多くて少々グルーミィーな時である。従って、変化を求めて、コンサートやホームパーティーが各家庭で盛んに開かれる。あるホームパーティーに招かれた時のことである。

大勢の中で、だれかが一人の奥さまと長く話し込んだりしていると、必ずご主人がさりげなくそばに寄って来て話に加わり、ダンス音楽でも始まると、丁重に断りを述べた上、奥さまをダンスの群れに誘い、何か優しくささやいて、軽くほおにキスをしたりしているのである。それはあたかも、亭主がいることを忘れないように、と言っているかのような光景であったが、何か西欧の夫婦の間には、日本人とは全く異なるある種の男女の緊張関係のようなものがいつもあることに驚かされた。

それは、少々大げさに言うならば、いくつになっても夫も妻も相手に対して男と女としてのサービスと愛情を求め、もしそれを怠るならばいつでも他人の所へ去っていく可能性がある、ということになろうか。

半面、従来の日本の夫婦の間には、いったん結婚してしまうとあまりこの種の緊張関係は感じられなくなる。特に男性側から見ればこの種の話は、テレくさいし、第一、勇気をふるって家内に向かって「愛しているよ」などと改めてささやけば、相手が目をむいて、「気味が悪い」と言うのが関の山であろう。

これも日本の夫婦のある一面を見事に浮き彫りにしている。恐らく、それは言わなくてもお互いに分かり合えるという愛情と信頼が裏返しになった一種のテレとバンカラの表現なのであろう。しかしテレとバンカラなるものが世界では通用しにくい、極めて日本的な産物のようであるから困る。

同種同質の文化になじんだ私たち日本人にとって、ある種の理想的な人間関係とは、「言わなくても分かり合う」ことであった。どうやら、世界の相場は、

「言わなければ分からない」部分が多そうである。

（昭和63年1月12日）

第6章

「帰国せよ」と父の〝厳命〟、不振企業の再生へ

「すぐ帰国せよ」と父からのテレックスが……

パリ駐在員事務所に勤務して1年、仕事も面白くて楽しいし、学ぶことや体験したいことがいっぱいあると思っていた鈴木。「勉強になるのであと4、5年は居たい」と手紙を父（7代目・鈴木与平）に送ったら、すぐテレックスによる連絡が日本から届いた。

「すぐ帰ってこい」という中身。「もし帰ってこなかったら金を送らない」という文面。厳しさがヒシヒシと伝わる文字が並ぶ。「それで泣く泣く家内と手を取り合って、日本に帰ってきたのです」と当時の様子を語る。

日本郵船での勤務は10年で、最後の3年間は海外勤務。うち2年間がロンドン支店、最後の1年間をパリで過ごした。ヨーロッパ出張に来る得意先や関係者は大体、パリに立ち寄る。そのような出張客を案内する仕事も含め、いろいろな人と会い、話をすることで「大変勉強になりました」と鈴木は述懐。

帰国したのは1977年のことで、第2次石油危機に差しかかる頃であった。「パリのガソリンスタンドでも行列ができるような状態のときに帰ったのです。日本に帰ってきたら、オイルショックの真っ最中。それまでは高度成長期で、それ行けドンドンで勢いもあった。うちの会社も親父と叔父が手を広げていましてね。そこへドカンとオイルショックが来た。会社はものすごく大変になって、鈴与も創業以来、初めて赤字の決算をしたことがありました」

第１次石油危機（１９７３年）は中東を中心とする産油国が一斉に原油価格の引き上げに動いたことが発端。背景には第４次中東戦争が絡み、イスラエルとエジプト、シリアをはじめとしたアラブ諸国との争いがあった。原油価格は一気に４倍に高騰。日本も多大な影響を受けた。都会のネオンは消え、政府からの節電要請が行われた。産業活動にも支障が出て、洗剤やトイレットペーパーは極端な品不足状態となり、消費者は買いだめに走った。一般消費者物価指数は１９７３年に15・６％も上昇。翌年には20・９％アップと、超インフレ状況を招いた。

この第１次石油危機の後、第２次石油危機は１９７８年から１９８２年までの３年半続いた。第２次石油危機はイランのパーレビ王朝がイスラム革命（１９７９年）で倒され、１９８０年にはイラン・イラク戦争が起きるなど、中東の環境激変が引き金となって起きたもの。世界経済は大いに揺さぶられた。

こういう混乱期と鈴木の帰国時期は重なっていた。当然、鈴木もいろいろなことに出くわすことになる。

石油危機下、赤字会社の対応に追われて……

「日本に帰って鈴与に復帰、仕事をやり出したらグループ会社の中で一挙にいろいろな膿《うみ》が出てきましてね。今まで親父がつくったいろいろな会社で、赤字になっている会社が山のようになっており、びっくりしました。その頃は親父も年を取っていて、叔父がその後すぐ社長をやったのですが、早くに亡くなってしまいましてね」

父（旧名は鈴木一郎、7代目・鈴木与平）は1910年生まれ。自分が65歳になったら、「弟に譲る」と以前から明言。弟の鈴木要二が跡を受け継ぎ、社長を務めるのだが、病のため急死。約2年の社長職だった。「叔父が早く亡くなったものですから、わたしが社長をやることになったのです」と振り返る。

「叔父が社長を務めている間も、わたしは常務で役員になっていたのですけれども、赤字会社で労働争議をしている会社もあった。これはえらいことだと。特に食品会社が大変でしたね」

鈴木が社長に就任したのは1977年。前年に常務から副社長になり、1年後に社長就任ということだから慌ただしい人事であった。東京大学経済学部を卒業して鈴与に入社。日本郵船に出向の形で10年在籍というのはすでに触れた。その間、第1次石油危機が起こるなどして、鈴与グループの中でも積年の病弊《びょうへい》が一気に出て、赤字に陥るところもあった。

戦前、ツナ缶の対米輸出などで成長した清水食品も厳しい局面に立たされていた。鈴木が帰国し、鈴与グループの赤字会社再生に対応する話に入る前に、事業が時代と共に動いていく推移を見てみよう。

1929年に設立され、今では『SSK』ブランドの総合食品メーカーとして知られる清水食品（本社、静岡市葵区）。同社は鈴与グループの食品・飲料事業の中核会社。創業から約95年の歴史を誇る同社もまた、まさに『変化対応』の経営を実践・実行してきている。

設立された1929年は、米ニューヨークのウォール街で株式が暴落、世界恐慌が起きた年。日本でも昭和恐慌と呼ばれ、不況局面を迎えていた。そういう中で、『SSK』ブランドの清水食品は設立された。国内初のマグロの油漬《あぶらづけ》缶詰、いわゆるツナ缶を本

清水食品でのマグロ缶詰作業の様子（1972年）

格的に製造し、米国への輸出を開始。これが当時の米国で受けに受けたのである。

米国ではターキー（七面鳥）がよく食されるが、所得の低い人たちはターキーが食べられず、チキン（鶏）を食していた。この人たちの間でツナ缶の人気が高まった。

「Chicken of the Sea（チキン・オブ・ザ・シー）と向こうでは言われて、ものすごい人気を呼んだのです。これで一挙に缶詰産業が生まれました」

清水港からツナ缶が対米輸出され、清水には缶詰関連のクラスター（産業群）が形成されていった。日本中の漁船がマグロやカツオを載せて清水に集まって来る。その船の修理や船を造る造船会社が清水に集結するなど、関連事業が集まってくる。

「ええ、夏はマグロの缶詰をつくり、冬はミカンの缶詰をつくった。マンダリンオレンジといって、ものすごく売れたわけです」と鈴木は語る。こうして大正の末期から昭和にかけて、清水には産業クラスターが形成されていった。

遠洋漁業を基にして産業クラスターを形成

「缶詰でマグロやカツオを使うものですから、日本中の船が清水港へ入ってきたわけです。そうすると、荷揚げすれば船をドックに入れますよね。それで造船所が4つもできました」

金指《かなさし》造船（現カナサシ重工）や三保《みほ》造船、それに日本鋼管（現ＪＦＥホールディングス）などが清水にドックを構えた。さらに缶詰の容器をつくる製缶会社も、東洋製罐、大和製罐が工場をつくるといった具合にクラスターが形成されていった。新しい事業を切り拓こうと、先人たちがチャレンジしたことが、ツナ缶の産業育成につながった。

「ええ、当時は捨てる部分も多かったツナが米国でものすごく重宝されていることを知っている人が、わたしの祖父のパートナーでした。事業を一緒にやりましょうということで、ＳＳＫ（清水食品）をつくったのです」

そのパートナーとは、村上芳雄《よしお》という技術畑の人物である。村上は清水食品の社長も務めた。このように起業家魂の強い人たちが新規事業を興していく。

食品事業の中核・清水食品の再建へ

話を元に戻そう。鈴木は出向先の日本郵船から鈴与に戻り、グループ内の業績不振会社の再生に乗り出した。清水食品も戦前からツナ缶の輸出を手がけてきたといっても、マーケットが縮んできていた。輸出も為替相場が円高局面となり、「商売にならなくなってきていた」と鈴木は語る。

１９７１年、ニクソン・ショックが起こる。ドルと金《きん》の兌換《だかん》ができなくなった。つまり、ドルと金の切り離しで、ドルの価値は切り下げられ、経済力の高まりを背景に日本の円は切り上げられていった。そして、間もなく2度にわたる石油危機が起こり、日本の産業構造も変革を余儀なくされる。円高局面でツナ缶の輸出も商売にならなくなった。

「はごろもフーズさんは国内マーケットへの転換を最初におやりになって『シーチキン』という名前でブランドも登録しました。ＳＳＫはその対応が遅れましたね」

鈴木は当時、日本に帰って来たばかりであったが、いろいろと調べていくと、「とんでもないことになっている」と清水食品の厳しい実態が次々と判明。「とにかく再建しなければ」と、いろいろ手を尽くしたが、「もうこれは駄目だ」と思い、「この食品会社は止めましょう」と当時の社長である父親に叔父と一緒に話をした。すると、父親からは「親父（6代目・鈴木与平）が始めた缶詰の仕事だ。死んでも止めない」という言葉が返ってきた。

「完全に開き直られましてね。それで叔父と2人で困ったなと。叔父は『俺は兄さんを説得できない。お前が説得しろ』と言うのです。それでわたしがもう一度言いに行ったのですが、やはり駄目だったのです」

清水食品の再生が難しいという鈴木に、「それじゃあ、お前が再建しに、そこの社長で行け」と当時、鈴与の社長だった叔父は厳命した。こうして鈴木は『SSK』の再建役を引き受けることになった。

鈴与グループの清水食品は戦前からツナ缶を製造し、対米輸出などで成長し、SSKブランドで知られる会社だが、石油危機などの環境激変で厳しい状況に陥っていた。当時、鈴木は30代半ばで若く、全国各地にある工場の再編や人員体制の見直しを進め、

「もうこれ以上の手はない」というギリギリの段階で黒字化を達成した。祖業の物流、商流事業と違って、製造業の再生は「短期間に集中して、一気にやることが大事」と語る。何より、『変化対応し続けてこそ！』という鈴木の経営哲学は、このときの体験もあって踏み固められる。

帰国した鈴木は、食品缶詰会社の清水食品をはじめ、苦境に立たされていたグループ会社の再生に取り組んできていた。赤字に陥っている会社は少なくなく、「労使争議の会社もあって、これは大変だと」と鈴木も気を引き締めながら、対応策を練り続けていた。父で会長となった7代目・鈴木与平は優秀な番頭を1人付けてくれた。「一緒に仕事をし、これは助かりました」と鈴木は語る。

食品事業の改革には、それ相当の努力が要求された。清水食品には全国各地に製造工場があり、これをどう効率の良い生産体制に持っていくかという課題を抱えていた。

「いろいろな所に工場がありましてね。ここ清水にもあり、焼津や興津《おきつ》にもあって、静岡県以外にも福島県の福島、喜多方にあり、宮城県の気仙沼《けせんぬま》には宮城缶詰があったのですが、みんな赤字なのです。（清水食品の）再生をやれと言われても、本当に厳しい状態で。しかも、時代状況からして、すべての工場の競争力がなくなってきていた」

また、鈴木が帰国した１９７０年代後半は為替も円高基調で、輸出に不利な状況が続いていた。

「もう輸出で儲からない。それで国内市場で対応しなければならないということで、国内市場開発をやり出したのですが、国内はもう、はごろもフーズさんのマーケットができあがっている。そこになかなか割り込むことができなくてですね。それで本当に一時大変だったのです。人員整理もして工場をどんどん閉鎖しましてね」

ミカン缶詰のためのミカンの外皮剥き作業は手作業だった

役員も全員入れ替えて経営を刷新。「毎晩、夜遅くまで新しい役員で打ち合わせをし、手を打っていきました。そして、もうここまでやって黒字にならないのでは、もうやることがないというところまでできて、やっと黒字になりました」

変革に着手して約3年が経とうとしていた。食品事業の改革は一定の成果を挙げたが、経営者としては、いろいろ考えさせられ、いい教訓になった。「大変な時期でした。いま考えてみると、そういう大変なことをやらせてもらえたので非常に勉強になりました」と鈴木も述懐する。

静岡新聞『窓辺』より

国際化

最近「日本の国際化」がよく話題になるが、黒船の来航で鎖国を解き、世界の国々とお付き合いを始めて、既に百年以上が過ぎているのに、なぜ今、「国際化」なのであろうか？

私たちの学生時代、一ドル＝三百六十円で外貨も不足し、海外渡航も自由にはできなかった。従って、商品を輸出することは何にも増して大切であったし、当時は、日本全体が、世界の国々から認められたい、注目されたいという気持ちが強かったように思う。

それから三十年足らずの間に、人々の努力の結果、日本は大きく成長し、自由に海外に出掛けて行き、世界の国々から注目されることは当たり前となり、またその影響力が現在ほど強くなったことは過去になかった。

今までの日本の「国際化」とは、「海外に雄飛する」という言葉に象徴されるような、常に日本から外に向かっての動きが中心であった。つまり、外国に日本の商品を輸出したり、外国の勉強に出掛けたり、日本は日本人だけのものといった考え方が背景にあった。今、話題になっている国際化は、逆に、日本国内の門戸を世界の人々に対して開くことにあり、ここに一番大きな違いがあるとともに、私たちが今まであまり経験しなかった新しい時代が始まろうとしているように思える。

既に、市場や金融の自由化など、さまざまな分野で日本の門戸が開かれつつあるが、今後の一番大きな問題は、人の自由化であろう。今までは日本に住む外国の人々の数は、諸外国に比べて極端に少なかったが、これからは、大学を始めとして、いろいろな職場や私たちのすぐ周りにも、さまざまな外国人がたくさん働き住む時代が来るかもしれないのである。これは、すべてがバラ色の話ではなく、むしろ、習慣や風俗の異なる人々と、単一の文化に浸り切った私たち日本人が一緒に生活するという、一種の緊張関係を生み出す部分も生じようし、私たちの行動様式や価値観そのものを変えなくてはならなくなることも考えられる。

今始まろうとしている「内なる国際化」は、ある意味で日本人と日本の文化の国際化の問題であるともいえるのであろう。それにしても夏の暑い日、パンツ一枚で「夕涼み よくぞ男に 生まれけり」などとうちわを使ってくつろげなくなるのは少々つらいことではある。

（昭和62年12月29日）

第7章

それぞれの得意技を持つことで 発展した缶詰産業

自らの得意分野を築いた缶詰会社

産業は時代のうねりの中で勃興《ぼっこう》し、企業経営者には時代の変化に対応していくカジ取りが要求される。海外との取引においても長年の実績がある静岡・清水港。その清水港に缶詰をはじめとした食品、造船・機械などの産業クラスター群が形成されてきたことは、これまでに記した。

「缶詰産業は戦前から戦後間もない頃の最盛期には、20社くらいはあった」と鈴木は語る。

「シーチキンというブランドがあまりにも徹底しているものですからね。お客様からも清水食品のツナ缶もＳＳＫのシーチキンと言われたり、いなば（いなば食品）さんや、ホテイ（ホテイフーズコーポレーション）さんのツナ缶もシーチキンと言われたりして、これは無念だとみんなで言っているんですよ（笑）」

米国では今でもツナ缶の人気は高く、それを買い求めるユーザーは多い。戦後から高度成長期にかけて、日本からのツナ缶輸出が盛んに行われたが、今はプエルトリコ産やタイ産のツナ缶が米国市場では数多く出回っている。

原材料や労賃などの上昇によるコストアップや為替レートの変遷などで貿易構造も変わっていく。時代の変化と共に、鈴木の言う自己変革が求められるということである。

「いい例が合板業界ですね。清水港にはかつて合板会社が16社あったわけです。それがいま、１社しか残っていない。廃業したり、倒産したりしてね」と鈴木。

一方で缶詰産業はどうか？

「こちらは１社だけ倒産したところがありますけれども、あとは全部生き残って隆々とやっておられるのです」。鈴木はこう語り、缶詰会社の自己変革ぶりを次のように続ける。

「例えば、はごろもさんはシーチキンで頑張っておられるし、わが社（ＳＳＫ）は、マヨネーズとドレッシング、いなばさんはペットフード分野で強みを発揮され、ホテイさんは飲料や『やきとり缶』と『ドリンク』を手がけておられますね」

缶詰産業の場合は、それぞれが自分の持ち味を発揮し、得意分野を構築し、「隆々たる仕事」になっているということ。

「それぞれが自分の持ち味を開拓してきておられるのです。かつての缶詰会社というのは、全部仕事の内容を変えて生き残ってきているのです」

食品事業、ツナ缶の再構築へ向け動き出す

他に真似されない独自の生き方を――。清水を拠点に缶詰会社として出発した各社は自己変革して成長し、それぞれ自らの得意技をつくっていったということである。「ですから、今はもう競争どころか、みんな棲み分けが進んだということですね」と鈴木は総括する。

ブランドをいかに磨き、いかに強固なものにしていくか――。これはいつの時代にも、全企業・全産業に共通する課題。鈴与グループの食品事業を担う清水食品は1929年に設立された。同社は戦前からマグロの缶詰、つまりツナ缶を製造し、対米輸出などで成長。1941年にはマグロの内臓からインシュリンを抽出して製造する清水製薬を設立した。

また、戦後すぐの1949年にはマヨネーズ、とんかつソース製造に乗り出すなど新しい事業を次々と開拓。同社のブランド力も高まっていった（マヨネーズは1978年に分社化されたエスエスケイフーズが継承）。そうした事業開拓の歴史を持つ鈴与グループ。しかし、鈴木が英国から帰り、経営にタッチし始めた頃は、清水食品のブラン

ドが弱まりつつあった。

「戦前は非常に大きなブランドだったのです。三菱商事さんにも面倒を見ていただきました。みんなものすごくブランドにプライドを持っていたわけですね。（鈴木が帰国した頃の）１９７０年代後期になると、うちのブランドはほとんど消えかけていた。これではいけない。ブランドを守り、生き残るため、まずは利益をしっかり上げるためにＯＥＭ（相手先ブランド）をやろうということで、いろいろな会社の製品をつくらせてもらおうと思いました。すると、社員がものすごく抵抗しました」

前述したように、同社をはじめ、清水の缶詰会社は戦前、ツナ缶を開拓し、対米輸出で一時代を築いた。そうしたツナ缶事業を切り拓いてきたという自負、プライドが当時の清水食品関係者には強かった。

「せっかくＳＳＫというブランドがあるのに、そんなＯＥＭはみっともないと。なかなかＯＥＭをやりたがらなくて、理解してもらうのにずいぶん苦労しました」

鈴木は食品事業の立て直しの第一歩であることを丁寧に説いた。清水食品の「ＳＳＫブランド」を今一度力強く登場させていくためにも、ＯＥＭで力を蓄えていこうという説得であった。

「そうやってOEMを始めました。あまりに薬が効きすぎまして、最近のSSKはOEMの方が多くなってきてしまいましてね。ちょっと、それもまずいのではないかと思っています（笑）」

食品メーカーとして、どう社会に向き合うか

社会では時に予測不能な事態が突如現れ、それにどう対応するかという課題を抱える。例えば、水銀マグロ事件も、この時期に騒がれた出来事だった。水銀は自然界に存在し、天然由来の水銀が地中や海中にある。

分かりやすくいえば、極端に偏食するのでなく、普通にバランスよく蛋白源《たんぱくげん》として魚介類を摂っていれば問題はない。しかし、そうした問題が〝未知の段階〟にあるときは、不安感が全体に広がり、パニック現象を起こしたりする。1970年代も、この〝水銀マグロ事件〟が起き、水産界も大変な打撃を受けた。この事件を含めて鈴木が語る。

「缶詰会社にとっては非常に不幸な事件であり、また教訓になる出来事でしたね。海の中の天然の水銀がマグロにあるのではないかという話になって、それで輸出した商品が

米国からどんどん返されましてね。それからミカンの缶詰にはチクロという甘味料を使っていたのですが、これが体に悪いということで使用禁止になり、やはり、つくった缶詰が全部戻ってきたのです。いろいろありましてね。本当に大変でした」

鈴木の「本当に大変でした」という言葉に実感がこもる。「そういう大変なことをやらせてもらえたので、非常に勉強になりました」と鈴木は語る。鈴木は日本郵船への出向を終えて鈴与に戻り、食品事業の再生を手がけたわけだが、このことの教訓は何か？

「われわれはサービス業が中心なのですけれども、メーカーの仕事というのはモノの考え方が違うのです」

鈴木は双方の事業の違いをこう切り出しながら、次のように続ける。

「サービス業の場合には大体、左前《ひだりまえ》になった会社の再建は、あまり無理がないように時間をかけて設備や人員を減らし、規模をずっと縮めていく。そして損益分岐点を超えたら少しだけ利益が出ますから、それを大切に貯め、時間をかけながら少しずつ立て直していくというのが道筋です」

メーカーの場合はどうか？

「メーカーでそれをやると、時間をかけすぎて気が付いたときには設備は古くなってコスト高になり、技術者の優秀な人も、セールスの優秀な人もいなくなってしまう。だから、メーカーの再生の場合は時間をかけてはいけなくて、バサッと1年くらいで再建しないと駄目だと身に染みましたね。それだけメリハリを利かせて仕事を進めていかないと、うまくいかないことがよく分かりました」

缶詰をサカナに現場とよく対話

事業の開拓・展開には経営陣と生産現場、営業の前線に立つ社員・スタッフとの相互理解や連携が必要である。どのように工夫していったのか。

「フェース・トゥ・フェースで話をすると。缶詰会社ですから、おつまみはたくさんあり、よく仕事が終わった後、会社で酒を飲みましてね。缶詰の試食をしながら、お酒を飲んだりして、よく話し合っていました。そうしましたら、こちらでも親父（7代目・鈴木与平）に『おまえ、会社で酒を飲むなんてとんでもない』と言って、大分怒られました（笑）」

前述したように、鈴木が日本郵船に出向していた時代、東京・丸の内の本社で夜遅くまで残業していると、役員がウイスキーを1本持って下りてきて「一緒に飲むか」と声をかけてくれた。そして談論風発の座談が始まる。そうした記憶が残っていたので、鈴木も清水食品の社内談義とコミュニケーションを活発にしようと、試食の際に酒を出したのである。

「試作品をサカナにね。これはうまいとか、これはまずいとか品評し合うのです。もっとも、酔っぱらってくると味が分からなくなって、みんな美味しくなってしまう（笑）。こんなに美味しい商品がなぜ売れないのかと」

清水食品は鈴与グループの食品領域を支える中核事業である。事業を確実なものにし、ブランドを確固たるものにしていくには、経営陣と現場との意思疎通、対話は不可欠。その点、試作品の談義は誰もが気さくに参加できて発言できるし、大いに成果が上がったのではないか。清水食品の立て直しが軌道に乗ってきたら、鈴木はその舵取りを他の人に任せて、新しい課題に取り組んでいった。

「その頃、やたらと赤字の会社がありましてね。その中の１つが富士合板《ふじごうはん》で、労働争議を抱えていました。それから清水紙器工業という段ボールをつくっている会社も赤字でした。それから設立以来、赤字基調が続いた清水交通などですね。最初は鈴与グループの中に、あまりにも赤字の会社が多くて身もすくむ思いでしたが、できるところから

1つひとつきちんと片付けていこうという気持ちで取り組んでいきました。他の会社に引き取っていただいたものもありますし、会社をクローズしたものもあります」

そうやって、1つひとつ丁寧に仕事をやっていくと、数年後には大分整理がついてきた。事業は一本調子では進まない。その時代的条件や環境要因に影響を受けるし、採算性も左右される。鈴与グループの合板会社は労働組合も強く、結局、経営がもたなくて会社解散ということになった。

前述した通り、静岡市清水区には、かつて合板会社が16社あった。それが今は1社しか残っていない。他は倒産したり、廃業していった。他方、缶詰産業は1社だけ倒産したものの、あとは活路を見出し、各社が自らの得意業務を開拓してきている。

仕事を変えることで生き抜く——。各社がそれぞれ自分の得意事業を持つことで、他から真似されないものを身につけ、事業の安定性・継続性を図るということである。同じ事業・品目になると、とかく価格引き下げ競争に陥りやすく、互いに疲弊してしまう。清水由来の缶詰メーカーの生き方は、付加価値経営を追求する上で参考になる事例である。

創業から90年余の歴史の中では、事業も栄枯盛衰を辿る。鈴木も約50年前に日本に帰

エスエスケイフーズ創立30周年記念祝賀会での鈴木（中央）

国。鈴与グループの不振会社の立て直しを命じられ、先人たちの努力、奮闘を無にしてはいけない——。その思いもあって踏ん張ってきた。時代の波をよく見て、自分たちの意識変革を進める。そして、事業のあり方を変革していく。このことは、ブランドを磨き上げることにつながる。

事業には山谷がつきまとう。試練のときもある。要は、試練のときにどう踏ん張っていくかである。山の頂《いただき》を極めたときも、次の時代にどう手を打っていくかという命題を背負う。ブランドを守るには攻め続けなくてはならないし、何より『変化対応してこそ』の精神が求められる。

社長就任後、1つずつ課題解決に着手

鈴木は1977年に社長に就任。以来、2014年までの38年間社長を務めた。この間、不振会社や事業の整理に携わってきた。鈴与は220年余の歴史ある企業。逆にいえば、時代に合わせてヒト・モノ・カネの経営資源の見直しを進めなくてはならない。鈴木が社長に就任した1970年代後半は、変革の必要性を鈴木自身が強く感じていた。

その頃、鈴与グループ内では正社員と非正規の社員の区別がはっきりしていなかった。現在、鈴与グループ（約140社）の社員数は約1万3600人。鈴木が社長に就任した50年近く前、正社員と非正規社員の区別がついていない状態だったという。

「社員の定義もはっきりしない。人によっては非正規も入れて社員だという者もいるし、いや、本当の社員は正規の入社試験を受けて入った者だという者もいて釈然としない」

気がついてみたら、「いろいろな人がいた」ということであった。食品事業を手始めに、改革にタッチすることになった鈴木は、ここで焦らず「1つひとつ着実にやってい

こう」と心に決める。

「自分の会社ですから、文句を言う相手もおりませんし、今までの経営の失敗の文句を親父に言ってもしようがないですから」

経営は常に課題を抱える。また、社長に就任して、1日の生活は仕事中心のものになる。

「はい、それでも仕事、会社の経営そのものが非常に面白いと思いました」と鈴木は仕事に打ち込んでいく。

やれることからやっていく——。

「ためらっていないで、まず、やっていくというのが、すごく大事だと思いますね。考えていてもしようがないので、答えがはっきりしているものは、どんどん片付けていくということですね」という基本スタンスで仕事に取りかかる鈴木であった。

会社は何のためにあるのかを考えて

「わたしが社長の時代も、ずっとグループの整理をやってきました」と鈴木は語る。鈴与グループは約140社のグループ会社を抱えた一大コングロマリットである。グループが健全に事業を営み、サステナビリティ（事業継続）を保持していくためには、1社1社が自らの存在意義、使命をしっかりと掴んでおかなくてはならない。

その存在意義、使命を十二分に発揮できているかどうかの点検が必要だ。もし不都合なものがあれば、取り除かなくてはならない。鈴木はこうした考えの下、グループ内の事業再編・整理を社長就任時から本格的に進めていった。

日本の産業界ではいま、〝パーパス（purpose）〟という言葉がしきりに使われる。環境が激しく変わり、予測できない事態が次々と起こる現状。その中を生き抜くには、自らの本業の使命、存在意義をしっかり掴んで行動することが大切だ。鈴木は35歳で社長になったときから、自分たちの事業の社会的な意義を強く意識し、改革を実行していった。〝パーパス〟という言葉が登場する半世紀前のことである。

鈴木が社長に就任した1977年は第1次石油危機が起きた4年後で、日本経済全体も混乱の真っ只中だった。時代は移り変わり、社会の有り様も変化していくが、要は経営の本質を追求することが大事ということである。もっと言えば、生き抜くためには、それに相応《ふさわ》しい企業経営のカタチをつくることである。

まず、鈴木が改革のポイントとして挙げたのは、鈴与本社の「物流と商流を分ける」

ということであった。

「それを一緒の会社でやっていたのです。労働条件も給与の考え方も全然違う仕事を1つの会社でやっていたものですから、無茶苦茶な話です。これを分けるという大仕事がありましてね」

物流の仕事はコンテナターミナル等の港湾運送事業からトラック輸送などの陸運、フェリーなど船舶を使った海運、そして国際輸送と、鈴与が手がける物流は実に多様だ。こうした物流と石油やガス再生エネルギーなどを扱う商社業務の商流とでは、仕事の中身が違う。労働条件も異なるし、体系も違うのに、同じ屋根の下にいるということで「社員は両方とも不満を持つわけですね」。

当時の混沌とした状態を鈴木が語る。「高度成長期で人手不足でしたから、正規の社員だけでは仕事が全《まっと》うできないというので、非正規社員から正社員になった人たちが結構いましてね」。そして次のように続ける。「例えばガソリンスタンドの現場で人が足りないものだから、パートで来てもらっている人が、いつの間にか日給月給になり、そのうちに社員になるという状態でした。また、物流の現場でも人が足りないから、知人に頼んで人を連れてくると、日雇いでいた人がいつの間にか社員になっているとかね。ですから、正規に入社試験に合格して入社した社員とのギャップが大きく、このバラツキをどのように整理しようかというので結構苦労したのです」。

混沌とした状況下で事業の再編、人事・賃金面での改革を鈴木は進めていくわけだが、その改革の基本的な考え方とは？

「基本的な考え方としては、鈴与の社員のやるべき仕事とその周りにいるパート、アルバイトの人たちとの役割を明確に分離し、その上で両者の連携を図り、仕事をしていくということです」。この改革は「結構早くに、そういうビジネスモデルを完成させました」と鈴木。

正規社員と、パートやアルバイトなどとの比率をどうするかなども、その時代時代で変化していく。変化対応が大事だ。

「ええ、『アヒルの水かき』ではないけれど、常に努力していかないと駄目ですね」

商流部門の鈴与商事を設立

物流と商流を1つ屋根の下でやっていたのを分けるというのも、人事・賃金体系の見直しの中から必然の流れであった。

商流を担う組織として、鈴与商事を設立したのは1990年。鈴与から商流（商社）部門を分離独立した。ガソリンやガスなどのエネルギー事業やセメントや建材、さらには住宅設備、化学品、電機、情報通信などの事業を手がけている。

鈴与商事はいろいろと新規事業に挑戦。1998年には日本初のセルフスタンド『セルフ24草薙店』をオープン。2003年には中国・上海に現地法人を設立し、中国との貿易事業に本格参入。2004年には静岡・菊川市に県内初のペットボトルのリサイクル工場を建設した。

2012年には県内初の『分散型メガソーラー』として、清水港メガソーラーを稼働。また、2014年には県内初の特定規模電気事業者として電力供給を開始した。さらにはIT（情報技術）活用の次世代トマト施設栽培の大規模実証試験を開始している。

2017年に静岡市、2019年には横浜市とVPP（仮想発電所）の構築事業を開始。エネルギー事業者としての知見と経験を生かして、J－POWERとも提携。共同出資で鈴与電力を設立（2018年）した。さらにはベトナムでも電力事業を展開。国内でも東京・東久留米市との間で『再生可能エネルギー等を活用した非常用電源確保事業』を展開している（2021年）。

このほか、愛知・春日井市とは『公共施設への電力供給とゼロカーボン推進に関する連携事業』を始める（2021年）など、自治体との連携も進む。

こうした諸改革を実行してきて、いま、どう思うか。

「われわれとしては、石油危機の後、早くに改革に手をつけたものですから、その後、バブル経済が弾けたときやリーマン・ショックのときは、あまりうちは苦労しなかった。現場の多い仕事ですから、ヒトの問題は整理がついていたというのがすごく大きかったと思うのです」

『やれることから、改革を！　まず、やってみることが大切』

石油危機の事業再編。人事・賃金体系の改革は経営者として覚悟を求められたし、「いい経験になりました」と鈴木は述懐。例えば、食品会社『清水食品』の再生を図ったのも貴重な体験だ。

企業再生はメリハリを付けてやらないといけない――。こういったことをこのときの体験から鈴木は掴んだ。そんな鈴木が2015年に鈴与会長となり、社長の座を長男・健一郎にバトンタッチ。

鈴与商事の本部がある「鈴与静岡ビル」（静岡市葵区）

「息子が鈴与グループに入ってきたときに、最初にＳＳＫの仕事をやらせたんですね。メーカーの仕事を覚えてもらいたいと考えてのことです」。要は、経営の本質は何かを掴むことが大事だということ。そして、改革を行うに当たっては、「やれることからやっていくということ。まず、やっていくというのがすごく大事だと思います」という鈴木の経営観。

改革をずっと手がけてきて、いま思うことは何か？

「答えがはっきりしているものは、どんどん片付けてゆく、ためらってぐずぐずしていることが一番良くない。そうした努力を続けていけば、振り返ってみると、結構いろいろな問題が片付いているということは、骨身に染みましたね」

変革を進めながら、常に前進していくという鈴木の経営観である。

静岡新聞『窓辺』より

父親像

「夕食に招かれざる父」と題した、ある大手企業サラリーマンの記事を読んだことがある。それは、連日多忙を極めるサラリーマン氏がある日、ふと、たまには早めに帰宅して家族の喜ぶ顔を見たいと思う。ところが、実際に帰宅して玄関のドアを開けると、長女の第一声が、「あらパパどうしたの、こんなに早く帰って、会社で何か嫌な事でもあったの？」。女房はただ一言「どこか体でも悪いの？」。「もっと家族から歓迎されると思っていたのに……」とボヤく話であった。

何となく、私たち父親族には身につまされる話ではある。多忙を理由に家族サービスを怠っている間に、家庭は「父抜き、夫抜き、子供と母親中心に回転」しだしているのだろうか？

最近、父親が変わってきた、とよくいわれる。〝地震、カミナリ、火事、親父〟というあの懐かしい言葉は、いつの間にか、〝温かみがあってやさしい父親〟のイメージに代わりつつあるようである。

確かに、ふだん子供たちと接触する機会が少ないと、子供たちを厳しくしかったり、「NO」とはっきり言ってやることが少々つらくなるが、子供たちの自立や成長にとって、「やさしい父親」なるものが果たしてどこまでプラスに働くのであろうか？

最近の子供たちには反抗期がなくなってきた、といわれるが、どうやらこの原因の一つが「やさしい父親」にあるらしい。

子供たちが大人になっていく過程で、今まで絶対であった両親が、男であり、女であり、泣いたり笑ったりする普通の人間であることが見えてくる。同時に今までの両親、特に父親の持っていた権威と現実との矛盾も見えてくる。純粋な魂が現実とぶつかる姿、これが反抗期であり、これを乗り越えることが、子供たちが大人になっていく一つの大切な過程でもあった。ところが、現代風の、すべてに理解があって、やさしい父親では、子供たちはなかなか反抗するきっかけがつかめない、といわれる。その分だけ子供たちの精神の自立が遅れるのであろうか？

　無邪気な若者が増えているようであるが、これがもし「やさしい父親」に原因があるとすれば、少々考えざるを得ないような気もするのである。

（昭和63年1月19日）

第８章

フジドリームエアラインズを設立、『人と人の絆』を大事にする経営で

コロナ禍をどう総括するか？

２０２０年初めに発生したコロナ禍は、日本に大きな試練と教訓を与えた。生き方・働き方改革にもつながり、いろいろな意味でインパクトが大きかった。鈴与グループの代表として、このコロナ禍をどう総括するか？

「個人的に言えば、このコロナ禍の３年、４年近いブランクは人という面で、ものすごいロスなんです。本当に残念だと思いますね。特に人のつながりが切れてしまったことが、やはり一番悲しいと言いますか、残念に思いますね」

コロナ禍でＤＸ（デジタルトランスフォーメーション）が進み、生き方・働き方改革とも相まって、リモートワーク（テレワーク）が登場。これが若い世代を中心に浸透してきた。コロナ禍が一段落した２０２３年初めからオフィスへの出社が増え、やはり「対面での話し合いがいい」とリアルの良さを訴える声もある。

職種、業種によって対応に違いがあるが、オフィス勤務とリモートワークとが融合する時代を迎えたと言っていい。勤務形態をどうするかは、業種、仕事内容によって、また、その経営トップの判断によって違いが出てこよう。しかし、「人と人との絆をどう構築し直すか」ということは、ポスト・コロナの企業社会の基本課題になってきそうだ。

「はい、もう1回、どうやって人と人との絆を組み立て直すかという課題ですね。これは社会にとっても重要課題ですが、社員一人ひとりにとっても大きな課題ではないかと思いますね」

確かにリモートワークや在宅勤務は新しい働き方として取り入れられているが、人と人が面と向かって話し合うことで新しい発想や力強いアイデアが生まれるという考え方も根強くある。

「いわゆる仕事を事務的に処理する部分は、テレワークで十分こなせると思います。ただ、会社というのは、もともと人間の集団です。人と人とのつながりと信頼感があってこそ、初めてパワーアップしてくるわけです」

鈴木は会社組織が〝人と人とのつながり〟を基本に成り立っているという基本認識を示しながら、経営者の使命と責任について次のように述べる。

「経営者として一番大事なことは、みんながモチベーション高く働いてくれることであり、目的は数字の処理だけではない部分をどうするかが一番大事だと。それはテレコミュニケーションではカバーできない部分だとわたしは思います」

鈴与グループ内でも「テレワークがいい」という考え方もあり、この辺の議論や検討を重ねて方向性を決めていく方針。鈴与グループは約140社の企業を抱え、労働形態も多様だ。業種や、その企業の経営目的によって仕事の中身も働き方も違ってくる。

「われわれの仕事の中にもテレワークができる仕事はあります。しかし、全部できるかというと、われわれの仕事は『現場』が一番大切です。やはり、その辺の選別をどうしていくか、非常に大きな課題だと思っています」

具体的には「プロジェクトがスタートするとき、あるいは終了するときなどには、やはりみんなが集まってフェイス・トゥ・フェイス（対面）でやらないと、モチベーションが上がらない」という鈴木の認識。

会社経営の基本は「人」にある！

デジタル技術など最先端テクノロジーはどんどん進化し、発展する。DXは社会基盤（インフラ）整備から、企業経営、そして家庭・個人生活の領域まで関わってくる。最近は、生成AI（人工知能）の登場で、人に成り代わって判断や推量といった仕事をこなす。例えば、演説や原稿の作成までAIが行ってくれる。

しかし、生成ＡＩには、時に〝誤り〟が発生する。誤った判断がフェイクニュースとして広まることへの危険性や著作権の侵害といったことが指摘されている。しかし、一方でわたしたちの生活や企業活動を支えてくれる〝援軍〟になるとの見方も強い。

今後、ＡＩと人との関係をどう築いていくかは最重要命題の一つ。大事なのは、最先端テクノロジーは今後も開発されるであろうが、社会活動、経済活動を担うのは「人」であり、人のやるべきこととは何か、人の使命（ミッション）とは何かということの追求である。

〝人と人との絆〟が会社経営の基本という認識を鈴木は示しながら、「結局、ハート（心）といいますか、組織の構成員が分かり合っているというか、信じ合うということが大事で、そういう関係づくりが会社の経営の原点という気がします」。鈴木は経営の基本軸についてこう語りながら、「テレワークが進めば進むほど、そういうことを重要視していかないといけないのではないかとわたしは思いますね」と強調する。

コロナ禍はいろいろな教訓を与えてくれた。もちろん、人的損害も被《こうむ》ったし、国によってはロックダウン（都市封鎖）も経験し、多大な経済損失も出た。わが国では外食、ホテル・旅館などの宿泊、観光業、さらには鉄道・バスなどの業種の打撃が大きかった。鈴与グループでは、現在、静岡、名古屋、松本、神戸、福岡などの地方空港を拠点に航空事業を営む『フジドリームエアラインズ（ＦＤＡ）』が打撃を受けた。

最近は、コロナ禍が一服し、人の外出が活発になり、インバウンド（訪日観光客）の数も急増。航空業界も活況を呈している。ＦＤＡについては後述するとして、このコロナ禍で、鈴木が鈴与グループ代表として思うこととは何か？

「あまりいいことはなかったですね。ただ、社員が団結して、いろいろなことに当たってくれたことは嬉しかったですね」

鈴木は〝社員の団結〟が嬉しかったとして、次のような具体例を挙げる。「例えば、職域でのワクチン接種では、グループをあげて対応しました。延べ約４万人と、かなりたくさんの人たちに職域でワクチンを打ちましたね」。

鈴与グループの社員は約１万３６００人。それで、余裕が出た分は「地元の町内会の皆さんとかにお声掛けしたり、それからわれわれのお取引先の中小企業はワクチンがなかなか手に入らない会社もありましたので、そういう方にもお声掛けして使っていただいたりしました」と鈴木は語る。そうした職域接種や地元町内会への声掛け、そして取引先の中小企業への連絡に「うちの社員はよく頑張ってくれたと思っています」と鈴木も嬉しい様子である。

「地方と地方をつなぐ」航空事業への影響は

『フジドリームエアラインズ』――。このＦＤＡは鈴与グループが全額出資で２００８年に設立、翌年から富士山静岡空港を拠点に航空事業を営む。会社設立は、あの世界的金融危機、リーマン・ショックが起きた２００８年のこと。世界経済、そして日本経済も厳しい局面を迎えたときの会社設立であった。そのときの心境を鈴木は『財界』のインタビューで次のように語っている。

「何と言っても、フジドリームエアラインズは地元に密着したエアラインだということです。そうしたエアラインが益々必要になってくるのではないか。大手の航空会社さんの場合は、地元の事情というよりも、算盤《そろばん》が合わなければ、すぐ撤退します。現実にそういうケースが起こっている。われわれは基本的に地元と密着した形で航空会社をやることを考えています」

地元・静岡にとっては、誠に心強い設立宣言である。影響は静岡だけに限らない。静岡には日本一の霊峰《れいほう》・富士山がある。もちろん、富士山は静岡だけのものではない。隣の山梨県との境に富士山はそびえ、雄大でかつ優雅な姿を見せてくれている。

そして、東側には神奈川県があり、富士山を中核に静岡、山梨、神奈川県は〝3県連携〟で富士山の観光振興はもとより、環境保全に努めている。富士山の山麓やその周辺には箱根（神奈川）、伊豆（静岡）、そして河口湖をはじめとする富士五湖（山梨）などの有力観光資源がある。このように観光資源の掘り起こしもさることながら、鈴木がFDA設立の動機としたのは、『ローカル・トゥ・ローカル』で地域経済を振興させようというものであった。

羽田空港を介さない路線選択で地域振興を！

FDAは富士山静岡空港のほか、名古屋小牧空港、信州まつもと空港、神戸空港、福岡空港を加えた5空港をハブ（拠点）空港として、17空港を27路線で結んで運航。コロナ禍で、航空産業全体は深刻な影響を受けた。「目の前から、ある日突然、お客様がいなくなるというイベントリスクは初めての体験」と鈴木。しかし、コロナ禍3年目の2022年後半から乗客が戻り始め、2023年には回復にも手応えが感じられるようになった。

2023年7月時点の回復は、コロナ前と比べてどうか？

2009年から富士山静岡空港を拠点に全国の地方空港を結んでいるフジドリームエアラインズ

「われわれは羽田空港を飛んでおりません。ローカルとローカルなので、やはり回復はちょっと遅くてコロナ前の8割くらいですね」

ただ、コロナ禍が始まった直後、搭乗客の姿が突然消えた2020年当時と比べると、回復基調は明白だ。

「2023年5月の連休は、ほぼ100％近く戻ったと思います。けれども、ビジネスのお客様が戻ってこないですね。これは多分、先ほどお話に出たテレワークの関係ではないかと思います」

地方と地方の結び付きを深め、自分たちの手で航空需要を開拓しよう——というFDA設立の動機。それが事業を開始して12

年目にコロナ禍の発生。まさに地球規模で瞬《またた》く間に感染症が広がる中で、航空需要が消えてしまったのも現実。

しかし、地方と地方をつなぐ航空事業への期待は高い。想定外の事態が次々と起きる時代にあって、気の抜けない経営が続く。

コロナ禍を教訓に新しい出発を！

「ある日、突然お客様がゼロになってしまう世界」——。２０２０年初頭から世界規模で起きたコロナ禍で、世界中のエアラインが運航停止を余儀なくされ、航空会社は未曾《みぞ》有《う》の〝危機〟に立たされた。

地方5空港をハブ（中軸）にして、17空港を27路線で結ぶリージョナル（地域間）路線を運航するＦＤＡ。そのＦＤＡの会長を務める鈴木は、コロナ禍のように、突如危機が発生するイベントリスクは今後もあり得るとして、「これからどういうカタチで経営をコミットしていくかを真剣に考えないといけない」と語る。

コロナ禍3年が過ぎて、２０２３年初めからインバウンド（訪日観光）の客も増え始め、日本国内も賑わいを見せている。しかし、コロナ禍初年の２０２０年の航空業界は、まさに危機に見舞われていた。

「もう本当に乗客はガラガラで、飛行機は、ある程度飛ばしながらやっていたのですが、やはり赤字の幅が大きくなりましたね。わたしどもだけではなくて皆さんそうでした」

コロナ禍の間、社員のモチベーションは維持できたのか？

「本当に大変です。しかも大きな赤字が出るわけですから、給与も賞与も一旦削らざるを得ませんでした。社員の中には動揺して辞めていく者もおりましたね」

「つらい思いをしました」と体験を述べ、社内の気持ちも「１回少しバラバラになったものを集めて、しっかりやっていこうと、自分がある程度先頭に立ってやっていかなければと思っています」と語る。

そして、鈴木はこう続ける。「航空事業はわたしが始めた事業ですから、これはもう息子（鈴与株式会社の鈴木健一郎社長）にやらせるわけにはいかないので、わたしが責任を持って、と思っていますけれども」

航空事業を始めるきっかけは？

ＦＤＡは鈴与が全額出資して、２００８年６月に設立（資本金４億９３００万円）。

同社は富士山静岡空港の開港を機に設立され、「静岡―鹿児島」などの路線を開拓。他にも「名古屋―出雲」、「名古屋―高知」や「神戸―新潟」、「神戸―松本」など計27路線を運営。北は北海道から南は鹿児島まで日本全国にネットワークを張る航空会社である。

静岡県はそれまで空港のない数少ない県のうちの１つだった。東京には新幹線で約１時間と近く、東海道本線や東名高速道路もあり、「今さら空港は……」という声もあったのは事実。しかし、何といっても、日本一の名峰・富士山のお膝元であり、海外から直接観光客を静岡に呼び込むチャーター便も開設できるし、日本国内の各地とも空路で結び付くことで、いろいろなメリットが得られるということでの『富士山静岡空港』の開設であった。

その空港が牧之原市と島田市にまたがる台地に２５００《メートル》の滑走路が整備されてオープン。『日本で最後の地方空港』としても当時話題となった。

「ええ、最後の地方空港としてできあがったのですが、このときの石川（嘉延《よしのぶ》）知事さん（１９９３年から２００９年まで４期、静岡県知事を務めた）も賛否両論の中で、いろいろと悩まれ、空港の事業を進めてこられたと。われわれもできるだけ応援しなければいけないということで、やってきたのです」

しかし、肝心の飛行機を誰が飛ばすのかということが、すっきりとは決まらずにいた。

「なかなか大手さん（日本航空やANAホールディングス）は静岡空港を使っていただけないのではないかということでね。また、静岡県に航空事業についての知見を持っている方があまりいらっしゃらなかったものですから。われわれはヘリコプター事業で多少そういう経験をしておりましたので、及ばずながらお役に立ちたいということで始めたという次第です」

地方の静岡市清水区を拠点に関東一円や甲信越、中部圏まで事業を手がける鈴与グループ。静岡から日本、そしてアジア、世界を眺めて事業を考え、実践してきた鈴木は郷土愛も強く、「静岡のためなら」と航空事業に参画したという経緯であった。

コミューター航空からリージョナル航空へ

問題は航空事業をどう組み立てるかである。航空事業は航空機購入にも莫大な資金を要するし、パイロットや乗務員などの人材、スタッフをどう揃えるかという人的課題もある。

「当初は、静岡空港から例えば伊豆の大島とか、八丈島程度を飛ばすつもりでいたのです。1機か2機の小型機を買ってコミューター航空をやろうと思っていました。しかし、いろいろ調べていくうちに、世界の航空の流れがコミューターからリージョナルに変わりつつあると。そこまでやるのだったら、ジェットで運航した方がいいのではないかという考えが出てきて、リージョナル航空でやろうという決断になったのです」

当初の静岡―伊豆大島といった近隣を飛ぶコミューター航空から、「静岡―札幌」「名古屋―青森」といったリージョナル航空へと構想は変わっていった。そうした決断に踏み切れたものとは何か。また、そもそも航空事業に取りかかろうと思った動機は何だったのか？

「それは、やはりわたし自身、飛行機が大好きだったからという個人的理由もありますね」と鈴木は笑みを浮かべながら語る。鈴木は学生時代に航空部に所属し、グライダーに挑戦。大空での滑空を楽しんでいたことはすでに触れた。

「親から受け継いだ仕事を、わたしとしてはそれなりに真面目にやってきたつもりですけど、自分の好きな仕事というのは特別でして、いくら残業しても、土曜・日曜日に出ても苦にはなりませんしね。やはり航空事業というのは、わたしが好きなものなのです（笑）」

鈴木自身も飛行機の
操縦桿を握る

大学の航空部に集まった仲間は飛行機が好きな者ばかり。同志的なつながりの中で部活動に励んでいたわけだが、このことは航空会社でも言える。

「飛行機が好きな連中が集まって航空会社は組み立てられていますからね。パイロットとか客室乗務員なども、同じ志を持つというつながりを感じながら仕事をやっています。とにかく仕事をやっていて楽しいと思う人たちの集合体ですね」

コロナ禍の中で歯をくいしばりながら仕事を続けてこられたのも、「飛行機が好き」という仲間がいたからこそとも言える。『最後の地方空港』と言われる富士山静岡空港に乗り入れる国内エアラインは、FDAの他に、日本航空、全日空も同空港への就航を検討。開港時には両社とも就航はしたが、積極的ではなかったのではないか（日本航空は就航から約1年で撤退）。

ところが、『富士山』の魅力に引きずられてか、海外勢、特に中国のエアライン数社が興味を示してきていた。「コロナの直前などは日本の地方空港で外国のエアラインが一番多く日本に飛んでくるのが富士山静岡空港でしたからね」と鈴木は述懐。中国人客の中には、日本でたくさん「温水洗浄便座」を買い込み、それを機内に持ち込み、機内が手狭になるというハプニングも発生。「それで大騒ぎになって、もう1回、全部出して、貨物室に積み替えて飛行機が遅れて出発したという一幕もありました（笑）」

『食の文化』を発信して

富士山のネーミングはブランド力を持つということか？「はい、富士山をご覧いただけるというのは、やはり外国のお客様にとっては御馳走みたいですね」と鈴木も嬉し気に語る。

コロナ禍を体験しての感想、あるいは教訓とは何か。

「名古屋小牧空港の発着も定着してきていると思います。ですから、『名古屋─出雲』の路線などは、割合たくさんのお客様に利用いただいています」

路線の知名度というか、浸透具合も深まるにつれ、乗客数も増え始めるなど嬉しい動きもある。一方で、コロナ禍を契機に始まった生き方・働き方改革の影響もある。

「例えば、『名古屋─花巻』などを見ると、花巻はトヨタ自動車さんの大きな工場がありますが、やはりテレワークの影響だと思いますけど、出張も減ってビジネスのお客様の回復がまだ鈍いですね」

コロナ禍でテレワークが盛んになり、当たり前になりつつある。「ええ、テレワークができるから地方に住んでもいいという方がたくさん出てきておられるのは間違いないですね」。鈴木は現状をこう分析しながら、「そこでやはり必要なのは、地域の振興であり、地域の文化をどう高めていくかです」と語る。

「地域の文化振興もそうだし、教育も大事です。例えば、子どもさんの教育がしっかりできる。それから自然はたくさんあり、親しめるわけですが、ではスポーツや音楽、絵画といった文化についてては、日頃満足できるだけの施設やイベントを打つ団体があるのかとかね。こうしたことは、やはり東京から地方へ移っていくための非常に大きなファクターになると思います」

鈴与グループが本拠を置く静岡市清水区の場合はどうか？

清水には天然の良港・清水港があり、海の幸も豊富に味わえる。また、海から眺める富士山の絶景〝三保《みほ》の松原《まつばら》〟という景勝地もある。この特色、特性をもっと活かそうということ。「ええ、海の好きな方を中心に、清水にお呼びしようということで、いろいろなスポーツの振興団体をつくっております。それから食べ物がおいしいレストランがたくさんある方がいいじゃないかと。静岡は食材が豊富ですから、県と一緒になって〝食の文化財団〟をつくりました。いろいろな形で食のイベントを盛り上げていこうと」と鈴木。

静岡の地方創生にも寄与するフジドリームエアラインズ

　これまで地域振興といえば、企業誘致に精を出すのが定番だった。静岡県はそれにも力を入れるが、発想を変えて「料理の腕のいい職人さんをたくさん呼び込もう」としているという。今は大きな料理店ではなく、小粋《こいき》で料理人と対話し、料理のエッセンスも楽しめるような店が人気を呼ぶ時代。「10席くらいで腕のいい親方が好きな女房と若い衆2人でやっているような店ですね」。鈴木が続ける。

「静岡に天ぷら屋さんがありまして、予約が全然取れない大人気店なのです。電話を掛けても半年待ちと言われてね。知り合いの地方の企業経営者も、あまりに予約が先になるものだから、つい怒り出してしまって（笑）。ただ、それに対して怒っちゃいけないと。それだけ東京の方々が静岡においでになっているのだからとなだめています（笑）。ＩＴ系の若い社長さんたちの間でも人気になっています。ですから、こんな素敵なお店をあと１００軒つくれば、どんどん静岡も活性化するのでは、と考えています」

静岡の西に位置する焼津にも港があるし、食材の豊富な土地柄。ここにもフレンチや和食の名店が続々とできている。「岡山から焼津の魚を使いたいと言って、フレンチのシェフが開いた店もあります」と鈴木は県内で〝食の文化〟を掘り起こす競争が起きていると嬉しそうに語る。鈴木の静岡を愛する気持ちは人一倍強い。

静岡新聞『窓辺』より

都市の共生

「地方時代」が華やかにいわれてから久しいが、地方都市の現実は、最近の産業構造の変化の中で人口が減少したり、不況に悩まされている所も多い。そして、東京をはじめとする大都市はますますふくれあがり、ベッドタウンとか衛星都市と呼ばれる、人口ばかり多くて小ぎれいではあるけれども、個性のあまり感じられない都市が増えてきているように思われる。それだけでなく、地方での観光やリゾート開発が進むにつれて、それが大都市に住む人々を主な対象としているため、地元から見れば車の騒音や渋滞に毎週末悩まされる結果にもなり、一体これらの開発はだれのためのものであるべきなのだろうか？　と考えさせられることもある。また、買い物客の誘致や工場、施設の誘致合戦に見られるように、地方都市どうしの対立競争の関係もみられないでもない。

過去の「地方の時代」とは、ある意味で工場の地方分散を促進することであった。これは、地方と大都市の経済的格差を解消する効果はあったのかもしれない。

しかし、それはあくまでも、工場の地方分散であって、本社機構まで地方にやってきたのではなかった。従って、私たちが考えているほど「地方の時代」が進んだわけでもなく、それだけ、地方の独自性は薄められ、特に情報や文化についての従属度も高くなっているといってよいのかもしれない。

これからの地方都市のあり方は、このような、本社は東京、工場は地方、といった一種の従属状態から抜け出して、経済のみならず、情報や文化の面においても、おのおのが独自性を生かし、真の自立を達成していくことが大切になって来よう。いたずらに東京のまねをしたり、他の都市の施策の成功例をそのまま導入し、競争しあうのではなく、自らの特色を最大限生かすことのできる、これだけはどこにも負けないという高いレベルの本物の集積を図ること、これができてはじめて、大都市に負けない本当に市民が誇りを持って住み、多くの人々が交流を求めるような個性のある地方都市が形成されるのであろう。

都市の共生は、地方都市の文化の自立から始まるのである。

（昭和62年12月15日）

第9章

地域を担う人材づくりを！

自動車工業の技術者育成

静岡理工科大学（静岡県袋井市）が開学したのは1991年。大学としての歴史は30年以上を刻むが、その淵源《えんげん》を辿ると、戦前の1940年の静岡県自動車学校設立に遡《さかのぼ》る。そこから数えると、80年以上という歴史になる。

「ええ、わたしの父（7代目・鈴木与平）と叔父や地方の経済界の方々が集まって自動車学校をつくったのです。これが戦後大きくなって、静岡県内に自動車学校を4校持つほどになったのです」

戦前、自動車関連の技術者養成の目的で静岡県自動車学校が設立。1963年に静岡県自動車工業高等学校を開校。1970年には自動車学校の整備教育部門を移管する形で静岡産業技術専門学校を開校した。戦後のモータリゼーションで自動車関連の技術者養成のニーズは高まるばかりであった。

一方で1960年代にはコンピュータが登場。日本経済の高度成長を促していく。その流れを見据えて1973年に静岡産業技術専門学校にコンピュータ関連学科も設置した。「自動車の技術者養成から今度はコンピュータの技術者を養成する専門学校を運営するようになりました。現在は専門学校も5校にまで広がる法人になりました」

県全域への自動車学校の展開、高校の事業継承や専門学校の新規開設を経て、学校法人の規模は大きくなっていく。そして「今度は大学を新設したい」という考えが関係者の間で高まっていった。しかし、自動車学校から高校や専門学校まで、監督官庁が異なる多くの学校を抱え、運営は非常に複雑になっていた。そこで、学校法人を自動車関係のグループと高校や専門学校のグループに分割する案が検討されることとなった。

学校法人を2つに分けることで双方の関係者の折合いがつく頃、「わたしのところに話がありましてね。鈴与グループで（高校や専門学校のグループの）面倒を見てもらえないかと。それでわれわれがお引き受けすることにしました」と鈴木はいきさつを語る。

1940年の自動車学校設立時には、父で7代目・与平と弟の要二が参加した。その後を受け継ぎ、8代目の自分としても、地域振興、地域の人材づくりに貢献しなければ――という鈴木の判断。静岡県は太平洋岸に接し、新幹線、東海道本線、そして高速道路など交通の大動脈が走る交通インフラの要所。浜松地区にはスズキやヤマハ発動機、浜松ホトニクスなど製造業の世界的有力企業群がある。そして浜松に限らず、県西部から県東部にわたり、産業機械や情報通信機器から化学素材や製紙、化粧品まで、大手有力企業の生産拠点が数多く並ぶ。

「静岡はモノづくり県ですからね。いろいろな工場もあって、中堅の技術者が足りないという声が以前からありました。その中堅の技術者を養成する大学をつくって欲しいという要望が地元の産業界からも寄せられていました。それで、わたしどももお手伝いしようと、大学設立の資金を用意しまして、大学をつくったということです」

こうした経緯から静岡理工科大学は1991年に設立された。キャンパスは県西部の袋井市《ふくろい》。すでに卒業生は9000人を超え、各領域で理工系人材として活躍している。

大学の理工学部は現在5学科を持つ。ロボット、輸送機器、航空宇宙などの分野を持つ機械工学科。エネルギー制御、通信、半導体などの分野を持つ電気電子工学科。食品化学、高分子化学、材料科学などの分野を持つ物質生命科学科。これら3学科に加え、2017年には建築意匠《いしょう》から建築工学まで取り組む建築学科を、そして2022年には防災から交通インフラ整備まで幅広くカバーする土木工学科を新設。これらの新学科は、地域の需要に応える形で、県内大学では初めて設置された。

そして、もう1つの情報学部は現在2学科で構成されている。情報工学の基礎から応用まで学べるコンピュータシステム学科。そしてアート・メディアから認知科学まで人と情報技術の関係を究める情報デザイン学科である。両学科とも、情報技術の社会応用が進む中で存在感を増している。

専門学校を持つ強みと高・大連携を生かして

静岡には国立静岡大学がある。工学部の前身である浜松高等工業学校の高柳健次郎博士は１９２６年12月に世界初の電子式テレビジョンを開発したことで有名。こうした研究開発の伝統を持つ静岡大学工学部だが、輩出できる優秀な人材の数には限りがあり、また大部分の学生が県外の大企業に流出している。したがって、県全体に製造業の生産拠点を数多く抱える静岡県は、理工系の人材不足に悩んできた。

そのような地域の人材需要に応えて開学した静岡理工科大学。県内唯一の私立理工系大学として、すでに三十余年の歩みを積み重ね、各産業分野に人材を送り届けている。

その特長を鈴木は次のように語る。

「われわれの学校法人は大学だけではなく、専門学校や高校・中学校を持ち、高・大連携教育や高・専連携教育、そして中高一貫教育にも力を入れています。ですから、学校法人としては多角経営であり、いろいろな教育機関を抱えることで、大学が支えられて

理工学部と情報学部を持つ静岡県内唯一の私立理工系総合大学

いるということです」

現在、静岡理工科大学グループは静岡北中学校・高等学校と星陵《せいりょう》中学校・高等学校を抱える。グループに属する専門学校は、静岡産業技術専門学校、沼津情報・ビジネス専門学校、浜松未来総合専門学校、静岡デザイン専門学校、静岡インターナショナル・エア・リゾート専門学校と5校を数える。そして外国人や留学生を対象に日本語教育を行う浜松日本語学院と沼津日本語学院の2校が加わっている。

「専門学校はミッション(使命)がはっきりしていますから強い。自動車学校だったら整備士のライセンス、情報系の専門学校ならばコンピュータの資格を取る、調理学校だったら調理師の資格を取りたいとか、みんなのモチベーションは高いわけです」

鈴木は一般論として、社会に出たときに何をもって生きていくかを専門学校生は真剣に考え、入学してくると話す。目的意識が明確で、履修科目に対しての取り組み方、学ぶ姿勢も真剣。それだけモチベーション、つまり士気・やる気が高いということである。「正直申し上げて、わたしがこの学校法人を引き受けたとき、専門学校生というのは大学へ進学できなかった子どもたちが行くところで、モチベーションが低いのではないかと思っていたのです。これはもう大変な間違いで、圧倒的に専門学校生の方がモチベーションは高い。学ぶ目的がはっきりしているからなのです」

鈴木はこう専門学校生のモチベーションについて触れ、「これから各専門学校と静岡理工科大学の連携というのが面白いテーマになってくると思います」と語る。静岡北高校、星陵高校はそれぞれ中学校を併設し、中・高一貫教育を行っている。その両校との高・大連携を静岡理工科大学は推し進めており、生徒や学生の能力掘り起こしを今後進めていきたいとしている。

これからの大学教育のあり方

いま日本は人口減、少子化・高齢化が進む。年間の新生児の出生数は80万人を割り、

2023年は約75・8万人であった。戦後の流れを見ると、『団塊の世代』（1947年から1949年の間に誕生）が年間約270万人生まれた頃と比べると、3分の1以下である。

こうした人口減少は各事業領域に人手不足などで影響を及ぼす。また、医療・年金・介護など社会保障への影響も大きく、同制度の見直しも不可欠という状況。教育面では、大学のあり方をはじめ、中等教育、幼児教育などの見直しも始まった。

そして今は大学淘汰の時代と言われる。就学人口が激減し、ほぼ全ての希望者が大学に進学できる状況の中で、定員を満たせない大学が多い。大学経営に携わる立場で日本の大学の現状をどう見るか？

「（日本全体に）大学の先生方は皮肉なことに、入学した学生をどうやって学校に連れてくるかと苦労しているのです。専門学校とはあべこべです。専門学校はミッションがはっきりしているし、学生たちの入学の目的意識も明確で、モチベーションが高いのとは対照的です」

鈴木は大学教育のあり方を改革すべきときという考えを示す。

「自分は世の中に出て、何をするのか、何をしたいのかがはっきりしないまま大学へ入る。そしてまた大学もゼネラル（あいまい）な形で教育するということも、まだ残っているのではないでしょうか。そういう現状だから、入学した後の学生たちも迷い続けるということになる」

いま中学校を卒業して5年間で専門技術を学ぶ『高等専門学校（高専）』が見直されている。これもミッションがはっきりし、入学する者のモチベーションが高く、産業界全体もこのことを高く評価する。どう大学教育のあり方を持っていくべきか？

「われわれのときもそうだったのですが、高校生にとって大学は何を教えているかがよく分からないのです。偏差値云々だとか、あるいは何となく勉強ができると医学部に進むとかね。その程度のモチベーションで大学を選んだりしてきています。今は大分変わってきているとは思いますが、もっと社会へ出て何をするのか。また、大学へ行って何を学び、何をやりたいかという意識をはっきり持っていた上で進学する方がいいような気がしますね」

鈴木はこう語り、「また大学側も自分たちはこういう教育をする、人づくりをするという情報発信が大事」と強調する。

地域と共に歩いていく!

そもそも静岡理工科大学グループは地域経済を担う人材を、地域で生み、そして育てる——という教育理念から出発した。その静岡を起点に日本全体をにらみ、グローバル世界にもネットワークを広げる鈴与グループ。創業は江戸期の享和《きょうわ》元年(1801年)。以来、220年余のときを刻んできた。その時代のニーズを的確に捉えていく、いわば変化対応の経営に徹してきたからこそ、長い歴史を積み重ねられてきたと言えよう。その成長・発展の礎は、地元・静岡を大事にする郷土愛にある。

サッカー・Jリーグの『清水エスパルス』への支援に関して、鈴木は「市民の方と一体感を持てることが嬉しいですね」と語る。清水区は昔からサッカーどころと言われ、サッカー熱の盛んなところ。Jリーグが1992年に発足し、清水エスパルスも参加して以来、「まちの人が鈴与を見る目が変わったんです。鈴与はBtoB(会社対会社)の仕事が多かったですから、今一つ鈴与が何をやっているのか、その姿が見えないという人も少なくなかった。それが清水エスパルス発足後に変わりましたね」。

地元と共に前進していくことを誓う鈴木である。

静岡新聞『窓辺』より

共生の思想

「君は君、我は我、されど仲良し」（武者小路実篤）

結婚式の祝辞等で多くの人々に親しまれている、この言葉の中にも、共生の考え方が感じられる。

考えてみれば、私たちは、あまりにもすべての議論について、相対立して妥協のないものと考え、黒白のはっきりした結論を求めすぎていなかったであろうか？　また、こうした議論の果てには、感情的な溝が深まる一方で、かみ合わない虚しさだけが残ることもあろう。

西洋の文化と東洋の文化、古きものと新しきもの、といったテーマについても、過去、大きく否定されたり、肯定されたり、その振り子のふれは大きく、そのたびに貴重な自然や文化財が破壊されたことも多かった。

共生の考え方は、こうした対立する個と個の融和や、個と全体の調和を目指すものである。黒川紀章氏の著書の中にも、最新の技術と古き伝統の共生こそ、近代主義の次に来るべき現代の美意識だ、と述べておられる。

生物の進化についても、有名なダーウィンの「進化論」のように、「万物に対する生存競争と闘争」の中から生物は生き残り、進化してきた、という考え方が一般的のようであるが、最近では、おのおのの生物が自らの機能を提供し合い、助け合いながら、より高度なものに進化してきた、という考え方も主張されている、と聞く。

このように共生は、宇宙の中の小さな星である地球の限りある資源と自然の中で、人間が創《つく》り出す文明の今後のあり方と人間の生き方についての新しい問題提起であるようにも思える。そして、私たちの周囲にあるいろいろな問題にも新しい角度からの答えが見付かりそうな気がするのである。

こうした考え方に少々甘い感傷めいた部分を感じられた方もあるかもしれないが、この共生の思想は、個の真の自立、(真生)を前提にしたものであり、甘えを排し、真物でなければその対象になり得ない厳しさが背景に存在していることもつけ加えておきたい。

（昭和62年12月８日）

おわりに

本稿は総合ビジネス誌『財界』に、15回にわたって掲載していただいた鈴木与平と鈴与グループの紹介記事を、『財界』の村田博文主幹の強いお勧めをいただき、再編集し書籍化したものである。

これだけでも冷や汗が出る思いであったが、なんと本年始めに「財界」の経営者賞も頂戴してしまい、地方の一経営者として人生を送ってきた身にとっては気恥ずかしく何とも身の置き所が無い思いである。反面、こうした地方で地味に生きる会社にも光を当てていただいたことは嬉しく、改めて「財界」の皆様に感謝を献げたい。

私共のグループは、世界に誇るような最新鋭の技術も無く、皆様にお教えできる程の経営ノウハウも持ち合わせず、普通に地方で生まれ育った企業グループで、ただ時代の変化を恐れず、誠実に地域で生きることを大切にし、グループ各社の現場と現場で働く人々と共に生きることを信条として時代を過ごし重ねてきた。

今回改めて自らの歩いてきた道と会社経営を振り返る機会を与えていただき、37歳で社長就任以来、45年もの歳月があっという間に過ぎてしまっていることに驚かされた。

まさに「光陰如箭」である。

若い社長と言われた頃を懐かしく想い出し、特にお願いして昭和62年から昭和63年にかけて静岡新聞社のコラム『窓辺』に掲載していただいた雑文を埋もれた書籍の中から掘り出し、本書に加えていただいたが、改めて自分の頭の中が当時から少しも進歩していないことを認識し、少々気恥ずかしい気持ちで、「少年易老学難成」を噛み締めている。

本書の作成に当たり、大変多くの方々にお世話になった。改めてお礼申し上げたい。特に『財界』の村田主幹には何から何まで面倒を見ていただき、感謝の気持ちで一杯で、当分、村田社長の方に「足を向けて寝られない」日々が続きそうである。

２０２４年４月　吉日

鈴与グループ代表　鈴木 与平

創業220年余 鈴与グループ代表
鈴木与平の
「変化対応し続けてこそ！」

2024年4月22日　第1版第1刷発行

著者　村田博文
発行者　村田博文
発行所　株式会社財界研究所
［住所］〒107-0052　東京都港区赤坂 3-2-12 赤坂ノアビル7階
［電話］03-5561-6616
［ファックス］03-5561-6619
［URL］https://www.zaikai.jp/

印刷・製本　日経印刷株式会社

ISBN 978-4-87932-162-6
定価はカバーに印刷してあります。